自立と学びの未来をひらく

# 「障害児の教授学」

個別最適化された学びと
協働的な学びのかたち

【編集】
障害児の教授学研究会

福村出版

**JCOPY** 〈出版者著作権管理機構 委託出版物〉

本書の無断複写は著作権法上での例外を除き禁じられています。複写される場合は，そのつど事前に，出版者著作権管理機構（電話 03-5244-5088，FAX 03-5244-5089，e-mail: info@jcopy.or.jp）の許諾を得てください。

# はじめに

　2017年に「障害児の教授学研究会」が立ち上がり，7年がたった。本書は本研究会のメンバーで執筆した3冊目の研究成果である。2冊目（障害児の教授学研究会編『アクティブ・ラーニング時代の実践をひらく「障害児の教授学」』福村出版，2019年）が刊行されておよそ5年がたった。この間，世界的に猛威を振るった新型コロナウイルス感染症の影響は，本研究会のスタイルを大きく変貌させた。これまでは年に1～2回程度の「対面」での研究会と日本特殊教育学会での「対面」での自主シンポジウムによって研究を積み重ねてきた。けれども，新型コロナウイルス感染症の拡大により，研究会や学会自体への参加も困難になり，オンラインを通して何とか研究会だけは継続を試みた。

　2020年3月から日本の学校は新型コロナウイルス感染症の拡大を受け，一斉休業に入った。その後，学校は再開しても感染防止を最優先にすることで，日常生活をはじめ学校生活においてもマスク着用やソーシャル・ディスタンスが徹底されることになり，子どもたちの活動は大きく制限されることになった。給食の黙食など活動を制限するルールが子どもたちに強いられることにもなったのは周知のとおりである。2023年5月に新型コロナウイルス感染症の感染症法上の位置づけが，5類感染症に移行し，少しずつ日常生活を取り戻しつつある。

　本書はそうしたなか，あらためて障害児教育において教授学の知をどのように継承・再評価するのかを検討した。今回の企画では，自立と学びに焦点を当て，戦後を代表する研究者や実践家の研究成果をふまえながら執筆した。読者のみなさんは，吉本均，上田薫，津守真，斎藤喜博，三木安正，竹内常一，斎藤公子などといった研究者や実践家をご存知だろうか。本書からもわかるように，こうした研究者や実践家は，子どもに学びを起動させ，教師に授業をつくり出させるような，理論と実践をつくり出していった。特に，本書で注目した研究者や実践家の研究成果は，教室の目の前にいる固有名詞のある子どものた

めに構想した理論や実践でもある。そうした理論や実践は一般化され，技術としても高められていった。

　教授学の研究者である吉本均は，指導案づくりについて「姿なき子どもとの対話」であると述べている（吉本均『学級の教育力を生かす 吉本均著作選集 第4巻』明治図書出版，2006年）。すなわち，指導案をつくるとき，教師は職員室や子どもたちが帰宅した後の教室，あるいは自宅などで，目の前にいない固有名詞のある子どもたち一人ひとりを思い浮かべながら，教師の教授行為である指導や働きかけをイメージし，そうした教授行為に対する固有名詞のある子どもたち一人ひとりの応答を予想するのである。本書の執筆者たちは，すべての読者に対して執筆してはいるが，「姿なき実践家との対話」あるいは「姿なき研究者との対話」によって本書を執筆したとも考える。私にとっても，サークルでお世話になっている「○○県の特別支援学校の○○先生に読んでもらいたい」，授業を見せていただいた「○○先生ならどういった語りが届くだろうか」といった固有名詞の実践家に宛てた内容でもあるし，もしかすると，まだ実践家ではないが，講義やゼミで指導している学生や院生のことを考えながら書いた執筆者もいるかもしれない。逆に，読者のみなさんにも語りたい，話をしたいと思う実践家や研究者がいるのではないだろうか。そうした意味で本書は，多くの読者の対話相手となることを期待したい。

　今後，本研究会のメンバーで自主シンポジウムを企画し，よりいっそう充実した研究成果が発表できるよう，邁進するとともに，教授学の理論と実践を批判的に発展させていきたい。そのためにも，本書を手にされた方々のご批正を仰ぎたい。

　本研究会3冊目となる本書の刊行を快くお引き受けいただき，貴重なご助言とご支援をいただいている福村出版の宮下基幸社長には厚くお礼を申し上げます。

2024年8月

編者を代表して　吉田茂孝

目 次

はじめに ……………………………………………………… 吉田茂孝　3

（序　章）
**自立と学びの未来をひらく教授学の物語** ……………… 湯浅恭正　9

1. 授業づくりの物語を織る　9
2. 障害児の教授学──40年の物語　10
3. 子どもたちとつくる授業づくりの物語　11

（第Ⅰ部）
# 授業づくりの基盤をつくる

（第1章）
**学びの場をつくる** ………………………………………… 湯浅恭正　16

1. なぜ「学びの場づくり」を問うのか　16
2. 学びの場をつくる教授学の思想　19
3. 学びの場の「制度から生成」へ
   ──授業づくりのキーワードを求めて　25

（第2章）
**学びの主体をつくる** …………………………………… 松尾奈美　35

1. 自立活動の意味から問う障害児の授業づくり・カリキュラムづくり　35
2. 自立活動の課題と「個別の支援計画」　37

3. 教師の創造性を奪うもの——学習指導案をとらえ直す　42

4. 学習指導案は，ずれてはいけないものなのか——ずれによる創造　44

5. 子どもの主体を立ち上げる授業　53

## 第3章

### 学びの存在をつくる　……………………………………　櫻井貴大　56

1. 障害特性に応じた指導論・補償教育論の問題　56

2. 生活と存在の追求は対立するものなのか　57

3. 自分らしく生活するとは何か——生活・存在生成の教授学へ　60

4. ICT による学びの支援の教授学的検討　63

## 第4章

### 学びの事実をつくる　………………………………………　吉田茂孝　67

1. 学びの事実とは何か　67

2. 授業を読み取る力としての「見える」の形成　72

3. 学びの事実をつくり出す授業研究のあり方　77

## 第Ⅱ部
## 子どもの学びをつくる授業の創造

## 第5章

### 学ぶことは生活をつくること　………………………………　堤　英俊　86

1. ある特別支援学校教師の語りから　86

2. 三木安正における知的障害のある子どもの生活教育論　89

3. 現代の特別支援学校における生活教育の課題と可能性　93

4. 学ぶことは生活をつくること　101

### 第6章

## 学ぶことは想像世界をつくること　………………　新井英靖　103

1.「認知」「行動」を指導することから抜け出す授業づくり　103
2.「学力論」から考える特別支援教育の教科学習　106
3.「社会制作（ポイエーシス）」としての教育実践　110
4.「想像力」を育てる教科学習の実践へ　112

### 第7章

## 学ぶことは文化をつくること　………………………　新井英靖　117

1. 特別支援教育の実践研究の特徴　117
2.「文化的・社会的・歴史的」に子どもを発達させる授業づくり　120
3. 文化的発達をふまえた授業づくりの方法　125

### 第8章

## 学ぶことは自分をつくること　………………………　今井理恵　131

1. 発達要求としての自分づくり　131
2. 特別支援教育におけるキャリア教育　134
3. 竹内常一の生活指導論から学ぶ「自分づくり」の教授学的視点　140
4. 学ぶことは自分をつくること
　　──子どもの願いと実態から出発する実践から学ぶ　145

### 第9章

## 学びを問い続ける教師になる　………………………　吉田茂孝　152

1. 学びを問うことができない背景　152

2. 実践記録を書くこと——問いの生成と問いの明確化　154

3. 実践記録を読むこと——問いとの対話　158


（補　章）

# 障害児教授学の歴史から学ぶ　……………………………………　165

1. 斎藤公子の障害児保育実践・理論づくり　小川英彦　166

2. 学習指導要領の変遷と障害児教育方法史　高橋浩平　174


おわりに　………………………………………………　新井英靖　181

索　引　………………………………………………………………　183

序　章

# 自立と学びの未来をひらく教授学の物語

湯浅恭正

## 1．授業づくりの物語を織る

「児童の世紀」といわれた20世紀が過ぎ，21世紀も半ばに向かっている。「子ども中心の世紀」とは逆に「学校化」した社会に突き進んできたのが20世紀だと総括されてきた（木村, 2020）。そして今，学校教育の担い手である教師を志望する学生が少なくなり，長時間労働等の状況も加わって，学校のあり方をどう展望するかの岐路に立っている。それほど学校の今は，授業実践という教師の生きがいともいえる営みに力を注ぐ余裕がなくなりつつあるともいえる。しかし，こうした時代だからこそ，日本の教師たちが大切にしてきた「授業づくり」の営みに注目し，「教授学」と呼ばれる学問の成果を振り返りながら，あらためて授業を中心として学校の果たす役割・立ち位置を問い直したいと思う。そのためには，今日の学校に要請されているカリキュラムマネージメントやPDCAサイクルに沿った指導等，どこでも取り組まれている仕事を前提にしながら，「優れた授業とは何か」という未完の物語を織るための展望をじっくりと探ることが必要である。

本書の対象は，特別支援学校・特別支援学級での授業である。先ほど指摘した未完の課題である営みに生きがいを感じて取り組んできた教師たちは，学校の何に期待し，障害のある子どもたちとともにつくる授業の魅力に惹かれてきたのだろうか。

「学校化」してきたとはいえ，授業づくりの理論を探究してきたのが「教授学」と呼ばれる研究と実践の分野である。戦後を眺めてみると，そこでは学力

論，生活科，個性化と生きる力，総合的学習，そしてアクティブ・ラーニング等，時代を特徴づけ，学校教育に多大な影響を与えてきた動向に介入し，あるべき授業の姿を探究してきた。時々に提起されてきた教育政策をふまえながらも，それらを常に相対化し，「授業づくり」と呼んできた営みのもつ役割を問い返し，子どもたちのための授業とは何か，その「理念型」を探究してきたのが教授学である。

子どもの生活・発達・障害の状況を深く理解しながら，特別支援学校・特別支援学級の授業にこそ，教授学の思想を活かし，学校の果たす役割を解明しようとしてきたのが，授業づくりの物語を織ろうとチャレンジしてきた多くの教師たちである。そこには「学校的な世界」からいったん離れ，相対化しながら，障害児が学びの世界に挑む場を学校につくり出そうとする楽しさと魅力がある。その意味で，学校教育が歴史的な岐路に立つ今こそ，障害児の自立と学びの未来をひらく授業づくりと学校が果たす子どもへの責任を「障害児の教授学」から提起したいと考えて企画されたのが本書である。

## 2. 障害児の教授学——40年の物語

日本で「障害児教育の授業」が本格的に探究されだしたのは1980年代の初めである。それまでは戦後において生活単元学習や作業学習等の指導が「指導形態」と称され，これらの指導が授業過程論として議論されることは稀だった。そして1970年代以降は，重度重複障害児への対応から「養護・訓練→自立活動」，「個別の指導計画」に基づく指導，「キャリア教育」等，いくつかの変遷をたどってきたのが障害児教育の動向だが，そこに教育方法学の世界で盛んに取り組まれてきた「授業研究」と，その研究運動との交流はほとんどといってよいほどになされてこなかった。

こうした状況を受け止めて，20年を経た2002年に『障害児の教授学入門』（湯浅恭正・冨永光昭編著，コレール社）を試論として提起した。その後，「障害児の教授学研究会」を立ち上げて，本格的に共同の研究を積み重ねてきた。そし

序　章　自立と学びの未来をひらく教授学の物語

て2017年には『エピソードから読み解く特別支援教育の実践——子ども理解と授業づくりのエッセンス』（福村出版）を，2019年には『アクティブ・ラーニング時代の実践をひらく「障害児の教授学」』（福村出版）を示してきた。特別支援学校・学級の学びの営みに，授業を構想し，展開する教授学の論理をどう引き取り，応用するかを追究しようとしたからである。そこでは①「障害児の教授学——出発・発展と授業づくりの魅力」，②「教授学を支える学校文化とカリキュラム」，③「授業成立の教授学」，④「授業構想の教授学」，⑤「教授学を支える教師論」を柱にした授業の論理と実践のあり方を探究してきた。

## 3．子どもたちとつくる授業づくりの物語

　本書では，こうした私たちの共同の探究をふまえて，これからの障害児教育の授業のあり方をどう展望するかを提起し，障害児の自立と学びの未来をひらく授業づくりの物語を織るための課題と展望を示そうとした。
　そのポイントは第一に，学びをつくろうとする障害児の世界をどう理解し，授業を構想するかである。特別支援学校・学級に在籍する子どもがますます増えていく今日の状況において，生活の基盤である家庭や地域で暮らす子どもの今をどう理解するのか，こうした視野から授業のあり方を議論しなくてはならない。障害特性の一般的理解ではとても収まらない子どもたちの生活世界にどう参加し，自立と発達の芽を発見しながら，存在する姿を導き出すのかが問われている。
　「学びの場をつくる」（第1章），「学びの主体をつくる」（第2章），「学びの存在をつくる」（第3章）を通して，子ども理解と学びの場をつくるための総合的な知が求められる授業づくりの基盤を考える。
　「場・主体・存在」という視点には個々の子どもが生きている集団のあり方が深く関与している。「個別の指導計画」といった学校制度の枠をふまえるからこそ，その計画が実を結ぶのには，子どもたちが主体として存在し，学び，生活する場の保障が不可欠なはずである。日々の学校生活において子どもたち

の交わりの世界をどう創造するのか，障害特性等も相俟ってこの課題の探究は容易ではない。しかし，障害のある子どもたちこそ学級や学年，そして学校での多様な活動を通して交わり，自他の認識を深め，仲間とともに生きる世界を望んでいる。

　本書は，こうした授業づくりの基盤ともいえる知をもとにして「学びの事実をつくる」（第4章）ために必要な教師（集団）の構想力と批評力の意義を考える。障害児の「主体・存在」の姿を「事実」として現在化する教師（集団）の力がなければ，特別支援学校・学級といえども子どもたちにとって，そこは「ダンピングの場」にならざるをえないからである。

　第二には，授業づくりを通してどのような自然・社会・文化と障害児が出会い，また自分自身と出会うのかを問うことである。40年前とは比較にならないほど障害児教育の授業実践の環境は進歩し，ICT（情報通信技術）等の活用によって子どもが授業の過程にスムーズに乗っていくための工夫は枚挙に暇がないほどである。学習指導要領に示された目標をもとにして取り組まれる授業に必要な教材開発の事例は，インターネット環境のもとですぐに検索し，活用できる時代である。

　こうした工夫は，授業づくりの物語を織るための重要な縦糸・横糸といえるものである。そうであればあるほど，縦糸や横糸という工夫を手がかりにして障害児が教材の背景にある自然・社会・文化と出会う経験をどう豊かに織り込んでいくのかが課題となる。

　「学ぶことは生活をつくること」（第5章），「学ぶことは想像世界をつくること」（第6章），「学ぶことは文化をつくること」（第7章）の各章は，障害児にこそ学校に通う中で出会い，経験する学びの価値をあらためて問いながら，授業過程をつくるポイントを示す。こうした過程を通して授業は子どもたちが「自分をつくる」（第8章「学ぶことは自分をつくること」）役割を果たすことになる。

　授業の物語を織る縦糸・横糸は，学びの環境を整備して，あえていえば「子どもが困らない」「失敗の少ない授業」のために用いられるものではない。教師も子どもたちとともに試行錯誤しながら学びの価値を発見していく創造的

な場が本来の授業過程である。そのためには「学びを問い続ける教師になる」（第9章）が示しているように，授業実践の研究主体へと教師がどう成長するのかがあらためて問われている。子どもが多くの要因で成立する授業指導に向かう際の「迷い」「揺れ」は，インターネットの情報で解決できるほど単純なものではない。それだけに，多忙化の中で，教師相互の信頼を基盤にして，共同の物語として授業をつくる研究文化の創造がいっそう必要な時代である。そこに授業づくりの苦労とともに魅力があるのだと考える。

　第三には，先に指摘したが，こうした本書の趣旨の理論的な基礎を確かめるために各章に戦後の教授学を含めた教育学理論のいくつかを取り上げて，これからの障害児の授業づくりの物語を織るために求められる論理を明らかにしようとした。これらの理論はいずれも学校における授業の事実に基づいて，「授業」という営みを学問の研究として正面から位置づけようと打ち立てられたものである。むろん，子どもたちの生活の質を問いかけてきた生活指導の理論も含まれている。これらは，授業づくりの縦糸と横糸を織るための軸になる知だといえる。

　今，特別支援学校・学級の授業は，どのような学的知に拠って探究されているのか。応用行動分析論をはじめとして数多く推奨されている特別支援教育研究の立ち位置とその事例は，どのような授業像を立論しようとしているのかを問いかけるためにも，「授業」という営みに寄せてきた教育学（教授学）研究の願いと論理を振り返ることは決して無駄ではないと考える。

　子どもを操作できる対象として理解してつくられる授業では，私たち教師（集団）が子どもたちと出会うことはできない。障害のある子どもたちが人生を生きる力の基盤となる文化・仲間・自分と出会うために授業＝学校の果たす役割に深い思いを寄せるときが今である。こうした願いを込めて，「子どもたちとともに自立と学びの未来をひらく障害児の教授学」のこれからを展望したいと考える。

　インクルーシブ教育が盛んに問われている今，特別支援学校・学級の授業づくりの楽しさ・面白さは，通常学級における授業の行方を探るためにも必要な

視点を示している。40年余りの「障害児の教授学」の蓄積だが，本書やこれまでの共同の探究で示されてきた授業実践研究の蓄積と成果は，一般の教授学の論理に通底し，また発展させる課題を示唆している。こうした意味でも，インクルーシブ教育の展開にこそ，教育学（教授学）の論理に立つ共同の探究がますます求められている。戦後の教育学（教授学）を振り返り，学びつつ，それ自体を批評し，リフレクションする論点を探ろうとするからである。

　本書を，授業づくりのこれまでを振り返り，これからの課題を考えようとされている多くの先生方や，これから教師を目指し，授業づくりの意味を探ろうとされている学生の方にぜひ読んでいただき，参考の一助になれば幸いである。そして，これからの障害児の教授学の物語を織るために必要な課題を各地から寄せていただくことを願うものである。


[文献]

・木村元編（2020）『境界線の学校史——戦後日本の学校化社会の周縁と周辺』東京大学出版会.

# 第Ⅰ部

# 授業づくりの基盤をつくる

## 第1章

# 学びの場をつくる

### 湯浅恭正

---

**【要旨】**

　学校で日々繰り返される授業は，障害＝特別なニーズをもちつつ，今，そして未来を生きる子どもの自立を目指し，それに取り組む私たちが子どもと出会い，ともに生き方を問い直し，生きるに値する世界とは何かを学ぶ場である。この章では，障害児の自立と学びの場への参加をめぐる課題を示し，それを深めるために戦後日本の教授学研究と教授学を土台にした授業実践の成果をふまえて，これからの授業づくりの展望を示す。

---

## 1. なぜ「学びの場づくり」を問うのか

### (1)「学びの場」は自立に向かう子どもの居場所

　授業という時間と空間をなぜ「学びの場」だと考えるのか。それは授業を子どもたちが自立に向かう居場所にしたいからである。授業は，単に知識や技能の習得の場ではなく，人間関係を結びながら自立に必要な人格的な成長を促す生活の場であり，学びを展開する居場所である。この居場所づくりを特別支援学校・学級の授業に求めたい。

　障害児の授業では「自立活動」の領域で，感覚や運動の領域とともに，「人間関係の形成」や「コミュニケーションの力の形成」が目指される。この自立活動の授業の場が，安心と信頼で結ばれた場でないとすれば，子どもは授業に向かおうとするだろうか。

第1章　学びの場をつくる

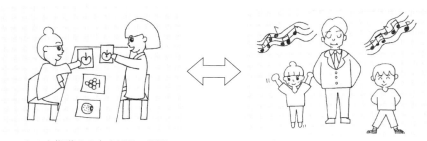

スキルを指導する自立活動の授業　　　　安心と信頼の学級－居場所で
　　　　　　　　　　　　　　　　　　　生活する子どもたち

　障害児は他者との人間関係やコミュニケーションのとり方で生まれる不安感を抱えて生活していることも少なくない。こうした生きづらさを抱える自分を受け止め，乗り越えて自立に進むためには存在を認めてくれる安心と信頼のある居場所が学校になければならない。自立活動の授業かどうかを問わず，自立の課題に向き合おうとする学びの場づくりの基本は居場所づくりにある。
　「個別＝individual, 分けることのできない」という意味に立ち返れば自立を求める自分と，それに向かえない自分という「分けられない子どもの内面」を理解し，「個別の指導計画」を立てる。そこにはまず教師が子どもの個別の生活に参加し，自立の課題をともに見つけ，さらに子ども自身も自立に向かおうとする自己理解を深め，力を発揮できるための居場所づくりの計画が必要だ。
　知的障害・発達障害のある子どものメタ認知論をもとにした事例では，「自分に対して問いかける，もう一人の自分」をつくる場面で「ちょっと待ってよ，他にやり方はないかな？」と働きかける指導が紹介されている（小島, 2020, 10）。こうした指導が子どもに届き，学びに挑もうとする自立の力が育つには，学びの場を安心と信頼で結ばれた居場所にする論理がなくてはならない。
　自立活動の指導では，「学びの履歴」をふまえることが指摘されている（分藤, 2015, 5）。意欲や感情の育ちを含めて学びの総体が「学びの履歴」だという教育学の見地に立てば，自立活動の授業づくりの土台に居場所となる学習の場をどうつくるかに注目する必要がある。

17

第Ⅰ部　授業づくりの基盤をつくる

## (2)「学びの場」は参加と共同の論理で成立する

　2007年の特別支援教育の開始のころから，発達障害のある子どもに対して通常学級での学びの環境を構造化する事例が盛んに紹介されてきた。この動向は，特別支援学校・学級にも応用され，ICT機器を媒介にした支援が活用され，その効果が盛んに指摘されてきている。障害児が学習に参加できる状況をつくり出すためにおおよそ以下に示す工夫がなされてきている。

---

○1時間の授業の予定を表にして確認する
○授業の導入で学習内容を理解するための視覚的支援の工夫
○具体的な作業を伴うことの多い障害児の授業で，活動の手順をわかりやすく示す
○選択肢を用意して選択と自己決定の場をつくる
○体験的な活動を用意して「わかる・できる」実感を味わうことのできる活動の工夫
○ICT機器を用いた支援で学習に取り組む状況をつくる

---

　学びの環境を整備する際に見逃せないのが「共同の論理」である。この論理は，教師が子どもの目線に立ち，学習内容を「わかろうとする」，また「できそうだという可能性」を子どもと共有する姿勢に示される。授業の初めに予定を確認する場面は，子どもに予定を伝えるだけでなく，教師自身がこれから始まる授業をイメージし，子どもとともに学びに挑もうとする意識を高める時間である。先にあげた「環境の構造化」は，説明・問いかけ（発問）・指示・助言等を通して具体化される。そこでは子どもとやりとり（応答）しながら，働きかけが子どもに届いているかを刻々と判断し，学びに向かおうとする意識の高まりを子どもとともに確かめ，共有する場をつくる共同の姿勢が問われる。

　「環境の構造化」を軸とする授業観では，「見えやすい学習行動」に力点を置き，達成できていない行動を改善するために環境を整え直す事例（たとえば，

18

作業学習で係の仕事を明確化した表を提示する：柴田・神山，2018）が多い。しかし，授業改善で修正した指導の何が変容をもたらしたのかが必ずしも明確に示されてはいない。学習指導要領で「学びに向かう力の形成」が強調される時代だからこそ，「環境を整える授業観」から，授業場面の最初か途中かを問わず，子どもが学びの場に向かい，教材を媒介にして力を発揮しようとする姿の背景にある葛藤などを読み取り，ともにそれを乗り越えるための方法を探ろうとする「共同の姿勢をもつ授業観」が必要となる。

　こうした共同に裏打ちされた学びの場づくりを通して，子どもたちは安心して失敗や逸脱が許されながら学びに向かおうとする自己を発見できる。そのために必要な時間が特別支援教育の授業づくりには求められる。効率よく授業を展開するために「環境の構造化」はあるのではない。予想もつかない学びの世界をともにつくり出す，そこに授業づくりの面白さと教師の専門性が問われる。教師と子どもとが相互に応答して文化や生活の奥深い世界を探究することが授業づくりの思想だからである。そこで以下では，授業づくりの思想・原理としての教授学の意義を確かめてみたい。

## 2．学びの場をつくる教授学の思想

　1989年に採択された「子どもの権利条約（児童の権利に関する条約）」は，子どもの参加（participation）を権利として提起したが，すべての子どもに学びの場への参加を保障しようとする思想は，コメニウスの「みんなにわかる，楽しい授業」という教授学の歴史に遡る。この思想をどう引き継ぐかは今日の特別支援教育の授業づくりにこそ求められる課題だ。

### (1) 学びの場をつくり出す歴史的過程

　優れた授業を目指す教授学理論は，授業過程が多くの条件によって成立し，発展する条件の解明を研究の柱に据えてきた。その条件の中で，学びの場であ

る集団のあり方が学びの質に大きく作用していることに注目してきた。

　ここでいう集団論の軸は先にあげた居場所論である。「何でもいえる信頼と安心に充ちた保護空間（中略）こそが，子どもの生活と発達にとって不可欠な教育力（居場所の教育力）」（吉本, 2006, 第3巻, 162）であり，教室を居場所にする指導が授業成立の条件であることを確かめておきたい。授業になかなか参加できない障害児の行動の裏には，学びの場が信頼と安心の場にはならない子どもの切実な思いがある。

　この信頼と安心の居場所づくりには，教師が共感的な他者として障害児の思いを聴き取るスタンスが問われる。この聴き取る大切な場が授業である。なかなか教材に立ち向かえない子どもに接しながら，その背景にある生きづらさ（家族の状況や生育史等）を見抜き，長い目で学びの場への参加を信頼して待つ，これが授業づくりに必要な共感的他者としての教師の立ち位置である。

　居場所づくりには，毎日繰り返される一つひとつの授業がその役割を担う。日々の授業場面は，教師と子どもとでつくり出してきた，またつくろうとする学びの歴史の一コマであり，「歴史的過程としての授業」（吉本, 1987, 56）の論理が特別支援教育においても求められる。子どもの姿の背景にある願いや思いを聴き取り，学びに参加する場＝居場所をつくり出す歴史の積み重ねが授業づくりの課題だからである。

　特別支援学校の授業では，発達に応じた課題別の学習集団の編成をとることが多い。生活する集団を居場所にする指導とは別の学習集団においても，子どもにとって居場所の歴史づくりが求められる。特別支援学級は学級から離れた通常学級へ移動する生活において，障害児が居場所を発見し，学びに参加できる状況をどうつくり出すのか。単に学習の遅れの補充・回復の場所ではなく，特別支援学級集団が子どもの自立のための居場所となる歴史をつくる取り組みが問われている。

　「歴史的過程としての授業」論は，子どもが学ぶ主体として自分たちの学びの場をつくり出す過程に焦点を当てたものである。そこで特に重視されたのが「『歴史づくり』としての評価活動」（吉本, 2006, 第3巻, 143）であり，自己指導力

第1章　学びの場をつくる

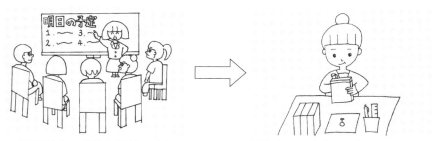

居場所として感じる「帰りの会」　　　居場所として意識する「生活・就労の場」

の形成である。障害児教育においても、子どもたちが学びの集団の質を評価し、学びの環境・ルールをつくり変えていく力の形成が課題だ。むろん、そこには教師も子どもたちの一員として子どもたちとともに学びの集団を振り返る生活を丁寧につくる過程がなくてはならない。そして、それは障害児にとって容易ではない。それだけに、学びやすい環境＝居場所を構造化して、居場所を「あてがう」スタンスに立ちやすい。これからの授業づくりには、教師が子どもとともに学びの場をつくる参加者として集団の質を評価し、授業の歴史をつくる学びの主体になる指導が必要になる。

こうした学校時代の体験は、将来の就労生活・働く場でいろいろな人々との関係をつくり、支援されながら、働き生活する当事者として生活と労働のコミュニティを問い返す力につながる。

(2) 学びの場に参加する身体

今日の学習指導要領が強調する「学びに向かう力」を考えるとき、学びの場を構成する教師や仲間、そして教材に向かおうとする子どもの「身体」に注目しなくてはならない。ここでいう「身体」とは、学びの場と子どもとの間の「精神的な距離」である。集中の持続が常に求められる授業に障害児が向かおうとするのは容易ではない。しかし、学びの場への「精神的な距離」を障害児は意識し、ときには教師から見れば否定的な行動を示しながら学びの場に参加

21

しようとしている。

　この距離を問いかけるのが「授業における身体論」である。身体論は一般に，肉体としての体（Körper）と精神としての体（Leib）に区別されてきたが，授業における「身」に注目し，精神と分離してとらえられる肉体ではなく，生活世界に生きて働いているのは，身体を備えた精神としての主体である。この身体に注目した授業づくりで提起されたのが「教師の語り」であり，目と顔とまなざしと表情とからだ全体で語りかける授業論である（吉本, 2006, 第3巻, 165-181）。教師は授業の中で子どもに語りかける技術（説明・指示・評価等）を通して学びを構想し，展開する。それらが子どもに届き，相互に応答関係を成立させる論理を支えているのが身体論である。しかし，こうした身体論を軸にした指導の技術は客観的にはとらえにくい。現象学に軸を置く議論でいくらか取り上げられてきてはいるものの，障害児教育の授業では正面から問題にされてこなかった。こうして身体に注目することの薄い指導は，先に指摘したように，学びの場に参加しやすい環境の構造化のための指導技術を可視化するだけにとどまる傾向になりやすい。では，身体に注目する際に見落としてはならない点は何か。

　それは第一に，相互応答の世界をつくる姿勢である。教師の指導－語りかけが子どもに届くとは，授業づくりを通して子どもに語りかける教師の存在を受け止めていく場が成立することである。吉本均は生活綴方教育の遺産に触れて，「身にふれて，語り合うことで精神が通じ合う」指導の意義を指摘した。それはペスタロッチーの「生活近接」の原理や，子どもの意見——思いや願い（view）——表明の権利に言及した「子どもの権利条約」の思想を基盤にした授業づくりの論理である。

　障害児が授業を通して教師の身体を受け止める過程は，障害児自身が教師の思いや願いを受け止める共同の過程が成立していく場であり，その場を教師が実感する事実を大切にしたい。相互に存在が承認される身体をもつことに注目して授業づくりに挑む共同の姿勢が問われている。

　第二に授業での身体への注目は，教師－子ども関係の次元にとどまるのでは

第1章　学びの場をつくる

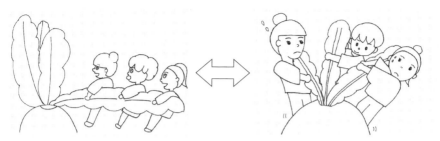

並んでかぶを抜くまねをするだけの授業
（動作化の体験にとどまる活動）

思いっきりかぶを抜く活動を取り入れた
授業（動作化を子どもの身にかかる体験
にする活動）

なく，学ぶ内容（文化）を子どものものにする原理を示している。吉本は国語の文芸作品の学びについて，それが子どもの「身にしみ」「胸をつく」学びとして成立するための指導の意義を強調した。学習指導要領で体験的学習が盛んに論じられた時代にあって，それが自然への直接的な生活体験という意味を超えて，子どもの身にかかる主体的体験にまで至る意義を指摘した。

　こうして強調されている身体＝体験の世界は，客観的には把握しにくい。話し言葉や書き言葉を主として用いるよりも直接体験の活動を伴うことの多い障害児の授業において，身体論をどう引き取るのかが課題となる。

## (3) 学びの場をつくるドラマとしての授業

　これまで述べてきた「居場所」「身体」を切り口にした授業づくりの論理を貫いているのは，学びの場を教師と子どもとで創造する共同のあり方である。この点をさらに深めるための論理が「ドラマとしての授業論」である。つまり「教えるという働きかけは，相手の内面に訴えかけて，相手からの応答と共感をひきおこさなくてはならないという点で，まさに演劇や俳優の仕事に類似している」（吉本, 2006, 第4巻, 15）のであり，演劇論をメタファーにした授業のあり方が問われる。それを具体化する教師の力が「授業の演出力」「構想力」であり，教師が「みずからの思想と身体をかけてつくりだし，演出し，そこに相

23

第Ⅰ部　授業づくりの基盤をつくる

手をつなぎとめ，相手の内面に訴えかけていく」（吉本，2006，第4巻，16）学びの場をどうつくるのかが問われている。

　ここで提起されているドラマ論は，障害児教育の授業でしばしば展開される動作化の活動＝指導形態をいうのではない。また，授業の途中や最後の場面で子どもの活動を大げさに劇的に褒めて評価することを推奨しているのでもない。そこでは先に指摘したように，動作化の体験が必ずしも子どもを学びの内容に「つなぎとめて内面に訴えかける経験」にならないからである。

　こうした「つなぎとめる」授業の論理を支えているのは，教材解釈の力である。障害児教育の授業で多く採用されている絵本の世界をどう解釈していくのか，同じ絵本教材でも実に多様な解釈があるように，その解釈の力が子どもをつなぎ止める。つまり，教材（作品）の「思想を教師自身が思想する」意義に注目し（吉本，2006，第4巻，21），教師の教材解釈の深さが授業の成立と展開に不可欠であることをあらためて確認したい。

　この教材解釈の意義は，一つには，学習指導案の構想に具体化される。二つには，授業の展開過程における教師の指導――教育的タクト――として具体化される。

　では，ドラマとしての授業の意義を障害児の指導でどう具体化するのか。そのヒントは，学習指導案の次元とともに，授業展開の場面で子どもとのズレに遭遇し，そこに教材の価値を問い直す作業である。むろん制度としての授業は，学校教育の制度（時間数等）の枠組みを離れては進められない。しかし，障害児の授業にこそ，ズレに遭遇しながら，繰り返し子どもとともに学びながら，教材の価値を問い直さなければ，先に指摘したように，「学びの体験」が子どもたちの豊かな「学びの経験」として積み重なることはない。この経験は，障害児には繰り返して同じ教材の場面を丁寧に指導する必要があるという意味を超えて，学びの実質を保障するために求められる論点だと考える。なるべく「ズレ」を少なくして，スムーズに学びができる状況をつくることに意識が向きやすい今日の障害児教育の授業を超える論理が「ドラマとしての授業論」だといえよう。

なおドラマとしての授業論には，演劇の知に倣い，教材をめぐって子どもの対立した解釈が深まっていく過程——ヤマ場——をつくる点が特徴である（吉本, 2006, 第4巻, 148-164）。こうした点を障害児教育の授業でどう引き取るのか。

学びの場への参加と教材にアクセスする個別対応は指導の前提だが，子どもたちの中にある教材理解の差異をどう活かして展開するのか，そのためには一時間単位というよりも，一つの教材について子ども自身が自己と他者を意識して教材の世界についてやりとり＝応答する場をつくる時間的なまとまりがなくてはならない。子どもの発達の次元を考慮し，こうした教材の世界を深めていく場面をどう構想するかが問われている。そこでは，授業づくりに挑む教師集団が子どもたちの一員として教材の世界をめぐって解釈し直し，演出を構想する力が課題となる。こうした授業観が，「つなぎ止め，身にしみる」学びへと障害児を，そして指導する教師集団をも向かわせるのだと考える。

## 3．学びの場の「制度から生成」へ
### ——授業づくりのキーワードを求めて

障害児の授業実践についての今日の動向への批評と課題，そして教授学の思想に立ち返り，学びの場づくりの方向を考えてきた。それは「学校の制度」を前提にしつつ，「学びの場を生成する論理」を確かめようとしたからである。しかし，この生成のプロセスを「指導行為」としてどのようにして導き出すかは明確ではない。それだけに，授業づくりのキーワード＝「指導行為」に焦点を当てて「学びの場の生成過程」を問いかけることが必要である。

### (1) 居場所を生成するキーワード＝存在を名づける指導行為

特別支援学校・学級を問わず「朝の会」は子どもにとって居場所を生成する場である。特別支援学校の教室で輪になって教師が一人ひとりに呼びかける個名の場面は，相互応答の世界をつくる役割を果たしてきた。そこでは「全員参

第Ⅰ部　授業づくりの基盤をつくる

加」という形式的な参加を求めるのではなく，「周辺参加」といわれたように，皆の中から離れ，逸脱していても周辺から授業の場に気持ちを向けていくのを信頼する指導の姿勢が議論されてきた。

このように朝の会のもつ居場所づくりの役割に注目するとき，それは「授業時間という制度」ではあっても，「存在を名づけ，居場所が生成されていく場」である。授業制度である「日常生活の指導」を居場所の生成機能として再考することが必要である。子どもへの個名は，朝の会だけではなく，授業過程の導入段階においてもよくなされる。そこでも子ども一人ひとりに「呼びかけ，応答を待つ行為」を通して居場所が次第に形成されていく。この行為の背景には緩やかなトーンが教室に響き，学びに参加する集団が形成される。こうした場づくりをじっくり進める歴史的過程として一つひとつの授業を位置づけたい。

居場所づくりの課題は，特別支援学級や通級教室での取り組みで問い直すべきものである。一日の中で通常学級での学びを含むことの多い支援学級の朝の会で，その日の学びの場を確かめる場面では，教師は一人ひとりの子どもに「呼びかけ，応答する」行為によって，その日の学びの場を確かめる役割をもっている。そして，そこは一人ひとりではあっても仲間の中で相互にその日の学びの場を確かめていく場になっている。存在を名づける教師の指導行為によって，支援学級が生活の根拠地という居場所になるからである。

通級指導の場での事例では，教師が子どものパニックに対して，それを「いたずらモンスター」と名づけ，子ども自身が自分の苦しさに向き合うことに誘っている（日下，2017）。ここでも困難の中にある子どもに対して存在を名づける行為によって，子どもは自分のパニックをともに生きてくれる居場所としての教師を発見している。

こうした「存在を名づける指導行為」には，人間を，「初めから最後まで『向かいあってある』関係」として理解する指導の立ち位置がある。「親・教師が子どもと向かい合って呼びかける共感のまなざし，身にふれる語りかけ，そしてたえざる指さしとによってのみ，子どもは人間となる」（吉本，2006，第5巻，166）からであり，人間存在の理解についての思想に裏打ちされてはじめて「存

在への名づけの行為」は成立するからだと考える。

　このように見ると，「存在を名づける指導行為」の基盤には，教師と子ども
とが身体で交わる共同の場づくりが問われる。この点を鮮明に示しているのが
障害の重い子どもの学びの場だ。この点で，障害の重い子どもたちの授業で
「表現」というよりも「表出」を伴って学びに誘う教師の行為に注目したい。
障害の重い子どもの原初的な身体次元での子どもの学びの事実を，教師が身体
を賭けて受け止め，共感して返す場面がよく示されてきたが，その過程には精
神としての身体の交わりが「教えるもの」と「学ぶもの」との間に生成されて
いる（堺，2008）。

　この生成の過程は，子どもの内面に訴えかけて誘い，判断する行為によって
成立する。「教師の誘いに対する子どもの表出は，誘いに応じた意図的な表出
と，誘いとは無関係で意図がない表出がある（中略）授業場面では，教師の誘
いに子どもが巻き込まれながら，子どもも意欲や意図を明確にして，自分の意
図に教師の応答を引きつけていくという相互作用が，個人または集団で繰り広
げられる」（堺，2008，43）からである（表1－1）。

## (2) 授業のドラマを生成するキーワード＝文化に参加し，発見する指導行為

　学校に居場所があり，その場所で学びに向かおうとする身体を子どもがもつ
とき，学校とその授業は，子どもにとって生活に楽しみ，メリハリのある場と
なる。その意味で授業づくりは生活の中に学びのストーリーを生成する役割を
もっている。

　障害児にとってメリハリのある生活をつくるには，世界をつくり出す楽しみ
を味わうことのできる経験の積み重ねが必要になる。決められた世界に合わせ
るのではなく，自分たちの思いで世界をつくり出す学びの過程を生成する授業
を構想したい。それは「文化に参加し，文化の価値を発見する指導行為」に
よってつくられる。絵本教材を中心にして特別支援学校の授業を展開してきた
教師の記録（高井，2014）には，教師が子どもたちとともに絵本の文化に参加し，

第Ⅰ部　授業づくりの基盤をつくる

## 表1−1　子どもの表出（左頁）と教師の誘い（右頁）

| | | |
|---|---|---|
| A　身体の動き | ア | 頭部を動かす |
| | イ | 指を動かす |
| | ウ | 片手または両手を動かす |
| | エ | 片手または両手を人や物に伸ばす |
| | オ | 足を動かす |
| | カ | 姿勢を保っている |
| | キ | じっとしている |
| B　視　　　線 | ア | 人や物を追視する |
| | イ | 人や物を注視する |
| | ウ | 瞬間的に人や物を注視する |
| | エ | まわりの様子を見る |
| | オ | 視線の焦点が定まらない |
| | カ | 目を伏せる |
| C　表　　　情 | ア | 笑顔になる |
| | イ | かかわりや状況を受け入れている表情になる |
| | ウ | おだやかな表情になる |
| | エ | 瞬間的に気持ちがはった表情になる |
| | オ | かたい表情になる |
| | カ | 不快な表情になる |
| | キ | 表情が変わらない |
| | ク | 覚醒が低下した表情になる |
| | ケ | 眠る |
| D　発　　　声 | ア | 声を出して喜ぶ，笑う |
| | イ | 話しかけたり応えたりするように声を出す |
| | ウ | 声を出して泣く，怒る |
| | エ | 声が出る（アー，ウー，エー） |
| | オ | 自己刺激的な声を出す（ブッブッ，ギーギー） |
| | カ | 声を出して喜ぶ，笑うが意味が不明である |
| | キ | 声を出して泣く，怒るが意味が不明である |
| | ク | ぐずる |
| | ケ | 声が出ない |
| E　筋　緊　張 | ア | 反射性の筋緊張がある |
| | イ | 志向的な筋緊張がある（手を出そうとして，見ようとして筋緊張が高まる） |
| | ウ | 筋緊張が低下する |
| F　呼　　　吸 | ア | 呼吸のリズムが乱れていない |
| | イ | 呼吸のリズムが乱れる |

出典：堺（2008, 44-45）の表をもとに作成

第1章　学びの場をつくる

| A　姿勢づくり | ア | アイコンタクトをとれるように姿勢をつくる |
| | イ | 感覚を受容しやすいように姿勢をつくる |
| | ウ | 気持ちを向けやすいように姿勢をつくる |
| | エ | 気持ちを起こすように姿勢をつくる |
| B　指示・応答 | ア | 発声に対してあいづちをうつ（ウン，ソウ；応答の意図が定まらない場合も含む） |
| | イ | 発声を模倣して声を出す（アー，フーン） |
| | ウ | 発声や表情，視線，動作に対して応答する（ジョウズダネ，モットアゲテ，ヨクミテルネ；子どもの動作の共有と意味づけ，擬態語での意味づけ） |
| | エ | 発声や表情，視線，動作から読み取れる気持ちを共感して代弁する（ヤリタイノ，ビックリシタネ，ウレシインダ） |
| | オ | 動作や言葉かけで注意を喚起する（ホラッ，ココダヨ，〜チャン，モットオオキクユレルヨ；働きかけの変化への呼びかけ）（T1の言葉の反復） |
| | カ | 反応を促す言葉かけをする（〜シタイヒト？，モウイッカイスル？，ドッチガイイ？） |
| | キ | 子どもの気持ちが活動に向いているとき，状況の確認と共有，意味づけをする |
| C　演　示<br>（説明しながら・教師の動きを言語化しながら） | ア | 具体的な行為をして見せる（ボールをころがす，トランポリンの上で跳ぶ等） |
| | イ | 操作する物（ビッグマック，おもちゃ等）を見せる |
| | ウ | 具体的な操作を示す（スイッチを押して見せる） |
| | エ | 教師が教具として演じる（登場人物になって演じる，遊具になって動かす等） |
| | オ | 学習の場へ意識づける（暗転を意識づける，海の雰囲気を意識づける等） |
| | カ | 学習の内容へ意欲づける（教具や準備物等を意識づける） |
| D　共　演 | | 一体になって，その子どもの持つリズムで学習行為を共有する（中心的な学習内容に限定した場面でのはたらきかけ，共に体験する）（共同注視は含まない） |
| E　身体への支援 | ア | 感覚を受容しやすいように姿勢をととのえる |
| | イ | 自発的な動きを引き出しやすいように姿勢をととのえる（手を出しやすいように上体を起こす，見やすいように頭部を支える等） |
| | ウ | 自発的な動きを引き出すように誘導する（手を差し出して子どもが手を出しやすいように誘う等） |
| | エ | 具体的な行動を支援する（スイッチを押す時に手を添える，いっしょに引っ張る等） |
| ◎間<br>教師間（T1，T2…）<br>教師−子ども間 | ○ | 注意が高まった表情の変化を待つ |
| | ○ | 注意が高まった自発的な発声を待つ |
| | ○ | 注意が高まった自発的な動きを待つ |
| ◎雰囲気づくり | | 協調した掛け声や歌等で，状況に応じた集団の雰囲気を高める |

29

第Ⅰ部　授業づくりの基盤をつくる

その世界の価値を発見する学びの場を生成する指導行為が示されている。

　こうした文化への参加と発見の指導行為の基盤には先に特徴づけた教材の解釈の力がある。たとえば，運動会の表現のために「動物の謝肉祭」に登場する象を表現する授業を支援学級で展開したところ，子どもたちは音楽に合わせて思い思いに象を表現しようとするのだが，象の大きな表現には至らなかった。支援学級を動物園に見立ててそれらしい環境を設定するのだが，期待した姿は見せられなかった。そこで動物園の象ではなく，ジャングルにいる象をイメージさせる工夫をし，教材を再解釈していった。この転換によって子どもたちは象の豊かな表現を生み出していく。ここには授業で見せる子どもの姿から教材を再構成し，解釈し直していく教師の力が鮮明に示されていた（坂爪, 1977）。そこで表現という文化に教師があらためて参加し，その価値を発見する行為としての教材解釈力の意義を確かめたい。

　ここではドラマとしての授業が成立し，発展する指導（direction）の行為が問われている。その意味では，授業の指導と演劇の演出とは共通している点が多い。演出家の栗山はいう。「いろいろなジャンルの違った俳優たちが，一つの芝居のために集まってきて，最初は自分だけの感性やそれまでの体験を通して，互いに手さぐりを繰り返しながら，稽古場ではばらばらな状態のままです。しかし，稽古が続けられていくうちに，ばらばらの方向を見ていたはずの全員が，ある時一つの『方向』を向く瞬間が必ず来るのです」（栗山, 2007, 81）。

　むろんここでいう「一つの『方向』」に至るための過程が生ずるには仕掛け（diretion）が問われる。支援学校で「まつり」の詩を取り上げた授業で，「かけ合いの楽しさ」を味わうことが意図された。「まつりだ　まつりだ → わっしょい　わっしょい」というフレーズの前半と後半を分けて，前半を一人で，後半を全員で発声するという構想がなされた。しかし，ある子は全部のフレーズを表現してしまう。そのうち，友だちの活動を見ながら，後半だけを表現できるようになる。そこには，一つの方向に向くことができずにいるその子どもが自分の気持ちを仲間と教材に向けて参加するのを待ち，その子の傍らで後半だけを表現するように指導する教師と子どもとの共同の場があった。その体験の積

30

第1章　学びの場をつくる

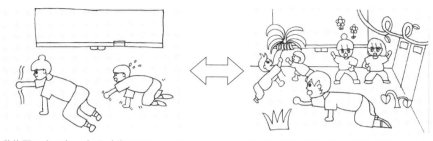

動物園の中の象の表現（動いてはいるが模倣レベルの表現）　　ジャングルの中の象の表現（豊かに動き回る重厚な象の表現）

み重ねによって，次第に自分一人で前半から後半に移る瞬間を待って表現することができたのである（松永, 2017）。こうした共同を通した個別指導の場をじっくりとつくる仕掛けが障害児の指導では不可欠であり，その構想がなければ，ドラマの過程は生成することができない。

### (3) 障害児のキャリアを生成するキーワード＝自治的世界に誘う指導行為

　以上の学びを生成する二つの指導行為＝キーワードは，子どもたちが生き生きとして授業を楽しむ姿を引き出し，見せることで満足するためにあるのではない。障害児の自立というリアルな課題に向けたキャリアを生成する授業指導に求められるものである。障害児の授業では生活単元学習や作業学習に重点が置かれてきた。これらの授業は，生活の中で生きて働く力を育てるために伝統的に大切にされてきた。そうであればあるほど，先に指摘した「自分たちで世界を創造する居場所と身体」を軸にした学びの生成過程を問うキーワードが問われる。

　それは「自治的世界に誘うキーワードとしての指導行為」である。それによって「自分たちが環境に適応するのではなく，自分たちで環境を変えていく自治の世界」を創造する学びを生成する授業を展望することができるからである。生活単元学習等のテーマ・題材と指導事例は多く紹介されてきているが，

第Ⅰ部 授業づくりの基盤をつくる

それらを自分たちで新たに再構成し，解釈し，創造していく楽しさがどのように生成されたのか，多くの指導事例は「主体」「自己決定」という用語で授業が分析されてきた。しかし，こうした用語自体がもはや授業研究の制度の用語となり，はたして子どもの自立に必要なリアルな学びの場を生成するための展望を拓くものになっているのだろうか。

　自立した生活には社会や労働の場でのルールに適応する力が必要だが，そうであればあるほど，学校卒業後においても，適応することの難しさを乗り越えようとする学びの場がなくてはならない。一般就労・福祉就労を問わず関係者との共同がこれからの課題であるが，同時に学校での生活単元学習や作業学習の授業実践が，就労という制度・環境に適応するための準備の論理ではなく，働き生活するストーリーを生成して，自分たちで環境を変える学びの場づくりの基盤になるための展望をもつことが必要である。

　教科の指導においても子どもたちのキャリアの生成の基盤となる実践構想が問われる。「自分の意図」からではなく，周囲の意図に自分を合わせようとする子どもも少なくない。「感じる力を育む美術の授業」に取り組んだ事例では，「正解の作品」「誰かと同じ作品」に囚われた特別支援学校の高等部の生徒に対して，「りんごの量感画」の教材を設定し，パステルで自分の思う「りんご」の量感を描かせている（半田，2017）。そこでは「りんご＝赤」という正解から離れて，細かい傷や光などを描く姿が見られた。対象を正しく描く学びから解放されて，自分の意図＝身体感覚からとらえたイメージを表現していったのである。ここには生徒ばかりでなく，教師自身が「教えたいもの」を問い返し，学びの成立に身体の媒介が不可欠であることを発見する授業観がある。そして，「りんごの姿をICTの機器で提示して正確に描けたかどうか」ではなく，生徒の身体感覚を媒介にする学びの意義が示されている。

　こうした授業実践が示している身体への注目は，障害児の自立に重要な条件である。社会の多様なルールに適応することは自立の要件だが，それに囚われてしまい，周囲に自分を合わせ，自分を見失ってしまう生活の継続では，真の意味で社会的適応を果たすことはできない。それに対して，学校時代に身体を

媒介にした学びを体験することによって,「精神としての身体」をもち,自己を信頼して社会生活を送る基盤をつくることができると考える。

　障害児の学びでは直接キャリアに結びつく職場実習等に力点が置かれる。実習の体験を振り返りながら失敗やトラブルを省察する授業が展開されてきた。そこで生徒の思いを受け止めながら,どのような助言を返していくのか,語りかけてくれる教師の身体を生徒は感じ取りながら自己の課題を発見していく。「できない自分」と「がんばろうとするもう一人の自分」への共感が生徒の自立を励ますからである。そこでも相互に応答する学びの場が生成されていく。こうして精神的な自立に向かう力が育つ。それが障害のある仲間や職場で働く多くの人々とともに生きがいのある世界を当事者として治める場(自治的世界)づくりの主体に位置づく力を生成するための基盤となる。

[文献]

・日下ゆかり(2017)「自信を取り戻す通級児童の育ち——通級児の自尊感情を育み,学びの意欲を引き出す」.障害児の教授学研究会編『エピソードから読み解く特別支援教育の実践——子ども理解と授業づくりのエッセンス』福村出版,96-100.

・栗山民也(2007)『演出家の仕事』岩波書店.

・小島道生(2020)「自分自身を見つめ,主体的にコントロールする力を育てる——知的障害・発達障害のある子どもへのメタ認知の支援」.『特別支援教育研究』第758号,9-11.

・堺るり子(2008)「重度重複障害児との豊かなやりとりを通した授業づくり」.湯浅恭正・新井英靖・小川英彦・高橋浩平・広瀬信雄編著『特別支援教育のカリキュラム開発力を養おう——授業を「深める」ことのできる教師になる』黎明書房,36-48.

・坂爪セキ(1977)『生きる力をこの子らに——障害児学級12年の実践』あゆみ出版.

・柴田涼子・神山努(2018)「主体的・対話的で深い学びを作業学習から考察する」.『実践障害児教育』第539号,24-27.

・高井和美(2014)「こどもが『わかる』を大切にした授業づくり」.難波博孝・原田大介編『特別支援教育と国語教育をつなぐ ことばの授業づくりハンドブック』渓水社,20-38.

・半田彩子(2017)「感じる力を育む美術の授業づくり」.障害児の教授学研究会編『エピソードから読み解く特別支援教育の実践——子ども理解と授業づくりのエッセンス』福村

第Ⅰ部　授業づくりの基盤をつくる

出版，148-152.
・分藤賢之（2015）「自立活動の指導を充実させるための『個別の指導計画』の作成の工夫」．『特別支援教育』第59号，4-7.
・松永美和（2017）「仲間とともに『ことば』の世界を楽しむ授業づくり──友だちと学び合う体験を」．障害児の教授学研究会編『エピソードから読み解く特別支援教育の実践──子ども理解と授業づくりのエッセンス』福村出版，130-134.
・吉本均責任編集（1987）『現代授業研究大事典』明治図書出版.
・吉本均（2006）『学級の教育力を生かす 吉本均著作選集』第3巻・第4巻・第5巻．明治図書出版.

## 第2章

# 学びの主体をつくる

### 松尾奈美

【要旨】

　特別支援教育では，自立活動などを通して，個々の児童または生徒が自立を目指し，心身の調和的発達の基盤を培えるよう，教育実践が行われる。こうした教育実践を支えるのは，児童生徒の「成長したいという想い」を見とり，その発達に対するニーズに応えようとする教師のまなざしである。一方，個別の支援計画などは，その趣旨が十分に活かされていない状況もあり，子どもの姿を見とって指導・学習方法に落とし込んでいくことができないばかりか，教師自身が作成した指導計画によって縛られてしまう状況もある。この章では，上田薫による「ずれ」に関する研究とそれをもとにして行われた教育実践を中心に，子どもの姿を活かした学習指導案の作成と活用のあり方について検討する。

## 1. 自立活動の意味から問う障害児の授業づくり・カリキュラムづくり

　障害をもつ子どもたちは，どのように自身の障害と向き合っていくのだろうか。L・S・ヴィゴツキー（1896-1934）は，当時「欠陥学」と呼ばれていた障害児研究に関する著書を多く遺した心理学者である。彼はその著書の中で，観察した子どもたちの欠陥よりも健全さを強調した。障害により生理的機能が制限される場合にも，その機能を彼・彼女らがあらゆる形で補償していることを示し，それぞれが独自の方法，コース，手段で発達していることを示したのである。一人ひとり異なるこの道が，障害のマイナスを補償作用によりプラスに変

えるのであり，教育者として特に大切なのは，子どもを導くべき独特の道筋を知ることであるというのが，彼の意図したところであった（ヴィゴツキー，2006，18）。障害をもった子どもたちの教育にあたっては，健常児の発達を基準にし，「そこに合わせようとしていないか」「足りないところを埋めようとばかりしていないか」と省察することが求められる。それぞれの子がどのように世界を見て，経験をし，どのような発達のニーズをもって，自分自身を創り上げていこうとしているのかを見とり，その道筋をともに考え，寄り添っていくことが重要なのである。

　特別支援教育には，自立活動という特別の教育課程がある。自立活動とは，障害のある児童生徒の教育課程に設けられ，個々の障害による学習上または生活上の困難を改善・克服するため基本的に個別の支援として実施される指導領域のことである。個々の児童または生徒が<u>自立</u>を目指し，障害による学習上または生活上の困難を主体的に改善・克服するために必要な知識，技能，態度および習慣を養い，もって<u>心身の調和的発達の基盤を培う</u>（下線は筆者による）。ここでいう「自立」とは，「児童生徒がそれぞれの障がいの状態や発達の段階などに応じて，主体的に自己の力を可能な限り発揮し，より良く生きようとすること」を指し，「心身の調和的発達の基盤を培う」とは，「発達の遅れや不均衡を改善したり，発達の進んでいる側面をさらに伸ばしたりすることによって，遅れている側面の発達を促すとともに全人的な発達を促進すること」を指す（文部科学省，2018a，48-49）。学びのあり方や自己実現のあり方は，一人ひとり違って然るべきであり，自立活動は個々に応じた指導・支援によって障害児の教育課程を基盤から支えるものである。自立活動にとどまらず，個の学び・発達をとらえ，支援し引き出すという視点は，すべての教育活動において，教師がもっておくべき，重要な視点であろう。

　2022（令和4）年12月，「通常の学級に在籍する特別な教育的支援を必要とする児童生徒に関する調査」の結果が公表された。3回目の実施となったこの調査は，調査対象の学級担任等が記入し校内で確認をして回答をするものであり，2002（平成14）年・2012（平成24）年の実施の際と，調査対象や尋ね方

が異なるため，数値を単純に比べることはできないものの，「知的発達に遅れはないものの学習面又は行動面で著しい困難を示す」児童生徒の割合（推定値）が，2002（平成14）年6.3%，2012（平成24）年6.5%，2022（令和4）年8.8%（2022年は小中学生）と大きくなってきていることが確認できる（文部科学省，2022）。特別な教育的支援を必要とする児童生徒の割合が増大傾向にある理由は，さまざまあげることはできるが，上記の調査が行われ始めたここ20年で，教師や保護者の特別支援教育に関する理解が進み，今まで見過ごされてきた困難のある子どもたちに，目を向けるようになったことが数値の上昇の大きな理由ではないだろうか。特別支援学校に通う児童生徒，特別支援学級に通う児童生徒，通級指導教室に通う児童生徒，放課後等デイサービスを利用する児童生徒，通常学級の中で特別な教育的ニーズをもつ児童生徒の「成長したいという想い」を見とり，その発達に対するニーズに応えることが求められている。

## 2．自立活動の課題と「個別の支援計画」

自立活動は，1971（昭和46）年の学習指導要領改訂によって，盲学校・聾学校・養護学校に新設された「養護・訓練」を前身としており，その後，2回の学習指導要領改訂を経て，1998（平成10）年の改訂から名称が「自立活動」に改められるとともに，目標・内容等も見直されて，今日に至っている。子どもごとの発達のニーズをどういった形で叶えていけるのか，将来の「自立」を見据えて設定するのが自立活動であり，自立活動は障害のあるすべての児童生徒に必要であるが，自立活動の誕生以来，20年以上がたっているものの，教育現場ではいまだに，自立活動がそもそも「何のために必要なのかがわからない」という声や，「どう実施すればよいかわからない」という声が多く上がっている。その結果，自立活動がいわゆる特定のスキルの「訓練」になっていたり，そもそも十分に行われていなかったりといった例も散見されるという（三浦，2020，1-2）。

その状況に拍車をかけているのが，作成が義務づけられている「個別の指導

第Ⅰ部　授業づくりの基盤をつくる

| 名前 | | 性別 | | 学校・学部・学年 | |
|---|---|---|---|---|---|
| 障害名<br>診断名 | | | | | |
| 検査結果<br>手帳取得 | | | | | |
| 指導期間 | | 指導時数 | | | |
| 指導場所 | | 指導者 | | | |
| 関係者等 | | | | | |
| 合理的配慮<br>（観点） | | | | | |

① 障害の状態、発達や経験の程度、興味・関心、学習や生活の中で見られる長所や良さ

②－1　収集した情報（①）を自立活動の区分に即して整理

| 健康の保持 | 心理的な安定 | 人間関係の形成 | 環境の把握 | 身体の動き | コミュニケーション |
|---|---|---|---|---|---|
| | | | | | |

②－2　収集した情報（①）を学習上又は生活上の困難や、これまでの学習状況の視点から整理

②－3　収集した情報（①）を卒業後（〇年後）の姿から整理

③　①をもとに②－1，②－2，②－3で整理した情報から課題を抽出する

④　③で整理した課題同士がどのように関連しているかを整理し、中心的な課題を導出

| 課題同士の関係を整理する中で、今指導すべき指導目標 | ⑤　④に基づき設定した指導目標 | |
|---|---|---|
| | 知識・技能 | |
| | 思考力・判断力・表現力等 | |
| | 学びに向かう力・人間性等 | |

| 指導目標を達成するために必要な項目の選定 | ⑥　⑤を達成するために必要な項目の選定 | | | | | |
|---|---|---|---|---|---|---|
| | 健康の保持 | 心理的な安定 | 人間関係の形成 | 環境の把握 | 身体の動き | コミュニケーション |
| | | | | | | |

⑦　項目と項目を関連付ける際のポイント

**参考資料2－1　個別の指導計画**（様式例：流れ図および教科との関連のみ抜粋）

出典：三浦（2020, 38-40）を参考に筆者作成

第2章　学びの主体をつくる

| 選定した項目を関連付けた具体的な指導内容 | ⑧　具体的な指導内容の設定 | | |
|---|---|---|---|
| | ア | イ | ウ |

| 具体的な指導方法 | ⑨　⑧を実現するための具体的な指導方法(段階、教材・教具の工夫、配慮など) | | |
|---|---|---|---|
| | ア | イ | ウ |

| ⑩　各教科等との関連(指導場面、指導内容、指導方法)の設定 | |
|---|---|
| 国語 | |
| 社会／地理／歴史 | |
| 算数／数学 | |
| 理科 | |
| 生活 | |
| 音楽／芸術 | |
| 図画工作／美術／芸術 | |
| 家庭／技・家／職・家／職業 | |
| 体育／保健体育 | |
| 外国語活動／外国語 | |
| 情報 | |
| 道徳 | |
| 総合的な学習(探究)の時間 | |
| 特別活動 | |
| その他（　　　　　　　） | |
| 日常生活の指導 | |
| 遊びの指導 | |
| 作業学習 | |

＊その他の教科は、理数、農業、工業、商業、水産、看護、福祉、保健理療、印刷、理容・美容、クリーニングなど
＊各学校の教育課程の編成に応じて教科等を取捨選択して作成する

| | ⑪　指導経過(⑧の指導内容、⑨の指導方法に対する指導経過) | | |
|---|---|---|---|
| 1学期 | ア | イ | ウ |
| 2学期 | ア | イ | ウ |
| 3学期 | ア | イ | ウ |

第Ⅰ部　授業づくりの基盤をつくる

計画」の存在である。文部科学省（2017）は，「幼児児童生徒一人一人の障害の状況等に応じたきめ細かな指導が行えるよう，学校における教育課程や指導計画，当該幼児児童生徒の個別の教育支援計画等を踏まえて，より具体的に幼児児童生徒一人一人の教育的ニーズに対応して，指導目標や指導内容・方法等を盛り込んだ指導計画」の作成を求めている。長期にわたり一人ひとりを支援するためのトータルプランとしての「個別の教育支援計画」，その趣旨を踏まえて，個々の子どもに対する具体的な指導に関する「目標と手立て（教育課程）」を記載した「個別の指導計画」の作成が求められるのである。しかしながら，上述したように自立活動の目的や方法がわからないまま，指導計画を作成していては，子どもの姿を見とって指導・学習方法に落とし込んでいくことができないばかりか，教師自身が作成した指導計画によって縛られてしまい，自立活動を含む教育課程全体が子どもの発達を援助するという本質から離れていってしまうのである。

　一つの課題が，教科の指導との棲み分けなど自立活動の位置づけが曖昧なまま，支援計画をつくってしまうという点である。「個別の指導計画」は，個々の障害による学習上または生活上の困難を改善・克服するための指導領域である自立活動を中心に，児童生徒の「実態把握から具体的な指導内容を設定するまでの流れ（流れ図）」を重視してつくられる（参考資料2−1）。障害によって教科の学習が進めづらい場合には，資質・能力を自立活動とも関連させて身につけたり，教科の学びを活かして自立活動でさらに伸ばしたり，というように教科と関連をもたせることも求められている。この際，「個別の指導計画」に，各教科の指導目標・指導内容なども一緒に書かれることが多く，教科指導と自立活動の関係が曖昧となり，自立活動が単なる教科指導などのスキルの練習の場となってしまう場合等が多く見られるのである。各教科等での指導目標・指導内容は，自立活動と混同することのないよう留意する必要がある。

　さらに，自立活動の指導課題・指導内容の設定においても課題があると三浦（2020, 15）は指摘する。指導課題・指導内容は，『学習指導要領解説　自立活動編』（文部科学省, 2018a）に示される「自立活動の6区分・27項目」（表2−1）か

第2章　学びの主体をつくる

表2−1　自立活動の6区分・27項目

| 健康の保持 | 心理的な安定 | 人間関係の形 |
|---|---|---|
| ①生活のリズムや生活習慣の形成<br>②病気の状態の理解と生活管理<br>③身体各部の状態の理解と養護<br>④障害の特性の理解と生活環境の調整<br>⑤健康状態の維持・改善 | ①情緒の安定<br>②状況の理解と変化への対応<br>③障害による学習上または生活上の困難を改善・克服する意欲 | ①他者との関わりの基礎<br>②他者の意図や感情の理解<br>③自己の理解と行動の調整<br>④集団への参加の基礎 |
| 環境の把握 | 身体の動き | コミュニケーション |
| ①保有する感覚の活用<br>②感覚や認知の特性についての理解（と対応）<br>③感覚の補助および代行手段の活用<br>④感覚を総合的に活用した周囲の状況についての把握と状況に応じた行動<br>⑤認知や行動の手がかりとなる概念の形成 | ①姿勢と運動・動作の基本的技能<br>②姿勢保持と運動・動作の補助的手段の活用<br>③日常生活に必要な基本動作<br>④身体の移動能力<br>⑤作業に必要な動作と円滑な遂行 | ①コミュニケーションの基礎的能力<br>②言語の受容と表出<br>③言語の形成と活用<br>④コミュニケーション手段の選択と活用<br>⑤状況に応じたコミュニケーション |

出典：文部科学省（2018a）

ら障害の種類や児童生徒の特性，課題に応じて選定され，設定されるが，何を指導課題にすればよいか選びきれず，結果，指導課題の設定に根拠がなく，また担任・チームティーチングをしている教員，保護者，本人の間で合意形成がなされていない，という状況が多く見られるのである。自立活動では，個別課題を選定する際のすり合わせが重要であり，指導課題の選定に根拠がなければ，その後の指導目標，指導内容・方法の設定も根底から崩れてしまう。また，可能な限り「自立活動の個別の指導計画」の作成時から児童生徒本人が参画し，個別課題を選定することが望まれると三浦は述べている。課題・内容の設定に児童生徒本人が納得して選択していければ，本人の自立活動の学習に対する意識や意欲の向上にもつながるであろう。

　ここまで，自立活動の意味から，個別の指導計画のあり方について，現状の課題を述べてきた。自立活動の目的や方法が不明瞭なまま，個別の指導計画が作成されることで，自身が作った指導計画に教員が縛られてしまうこと，またそうして設定される指導課題・指導内容に，根拠がなく，すり合わせが不十分である場合が多いこと，その子自身の発達や成長，自立を目指すための指導

41

第Ⅰ部　授業づくりの基盤をつくる

課題であるにもかかわらず，その設定に本人が参画しておらず，また設定された課題が，本人にとって「必要だ」「学びがいがある」と思えるような課題となっていないことは，大きな問題であるといえるだろう。

　日本と同じく，子どものそれぞれの能力とニーズに対応した個別の教育計画を説明するためにアメリカで作成されているのが，個別教育計画（IEP: Individualized Education Program）である。このIEPが日本と大きく異なる点は，障害をもつ子ども一人ひとりが，教育課程を受けていくにあたって，どのような合理的配慮，基礎的条件整備，医療機関等との連携を行えばよいのか，その条件を記載する文書となっている点である。IEPに記載された条件に応じて，その子の支援に関して必要となる予算も合わせて計上・認可されるため，わが子の教育にとって必要な条件を整えるために，保護者は積極的にIEPの作成に参画する。予算を伴う計画であるため，計画には高い実行性も伴う。「義務づけられているから作成する」という状態になっている面も強い日本の「個別の指導計画」は，形式的には整えられているものの，子ども一人ひとりの学び・発達を支援するものとして，本当の意味で説明責任を果たせるものへと改善されなければならないだろう。

## 3. 教師の創造性を奪うもの——学習指導案をとらえ直す

　教師の実践を縛り，創発性を阻むものは「個別の指導計画」だけではない。脳裏に真っ先に思い浮かぶものといえば，学習指導要領や学習指導案ではないだろうか。ここでは授業づくりという観点から，学習指導案について考えていきたい。

　学習指導案を書く場面は，どんな場面か。日々，毎回の授業に対して，細案（密案）を書くという教師は，少ないであろう。単元構想は必要だと思うが，授業の時間の使い方（あるいは授業の流し方）を考えたら，その後は板書計画のみ固めて授業に臨むことも多いだろうし，電子黒板を使う授業ではスライドをつくっていきながら授業の計画をし，そのまま教材として使っていくこともあ

42

るだろう。忙しければ，教師用指導書を片手に，少しアレンジをする程度で授業をすることも，ままあるだろう。近年，授業研究（学校のOJTとして，授業の提案を行い，参観してもらって，参観者と協議をする）の日であっても，あえて学習指導案は作成しない，もしくは簡略化するという場合も増えているという。となると，学習指導案を書くのは，教員免許を取るための教育実習の中だけになるだろうか。学校現場では，授業研究に学習指導案を作成すること自体が形骸化してしまい，意味が感じられないなか，働き方改革の波を受けて，その必要性が問われている。

　また，教師が学習指導案を書くことに対して抵抗を感じることのもう一つの理由に，自身の考える指導に対して，なかなか自信がもてないということがあげられるようにも感じている。アクティブ・ラーニングが求められるなか，教師中心か児童生徒中心かの対立構造でとらえてしまい，「指導ではなく支援をしなければ」というプレッシャーが教師の肩にかかっている。そうしたなか，子どもたち一人ひとりを見ようとする先生ほど，子どもたちの主体性を教師の発問や指示で損ねてしまうのではないかと不安になり，授業場面の「どこ」で「どのような働きかけ」をすべきか，明確にできなくなってしまっているように感じるのである。

　斎藤喜博（1911-1981）は，授業展開の「角度を鋭くきめられる教師だけが，単純で明快で，振幅のある授業展開をすることができ，子どもに質の高い思考をさせることができる」と述べている（斎藤, 1970, 190）。教師の指示や教材研究が練られたものであれば，最低限の指示で子どもたちは深く思考し，話し合い，考えを練り上げていくことができる。一方で，教師に迷いがあるときは，教師の言葉数が増え，子どもたちに委ねるつもりが，かえって，子どもたちの思考を限定してしまい，結局教師の想定できている範囲内で答えらしきものを出して，満足するような授業になりがちである。子どもたちが多様に教材を解釈し学びを広げようとしても，教師が一面的な理解にとどまっていれば，子どもたちの学びが授業に活かせないことも出てくる。教師が明確に，授業場面のどこで，どう働きかけるかをイメージできているか，その教材のもつ価値を深

第Ⅰ部　授業づくりの基盤をつくる

く，また多様に理解・解釈できているかで，子どもたちの学びの深さ・広がり
は決まってくる。教師の指導は，子どもたちの主体性を縛るものではなく，む
しろ広げるものでなければならない。

　子ども理解と教材研究を通して，指導観は磨かれる。「教科書を教えるので
はなく，教科書で教えるのです」ともよくいわれるが，教科書や教師用指導書
には，目の前の子どものことは一言も書いていないし，子どもたちの前に立っ
ている，教師本人が教材に対して「面白い」と思えていなければ，熱のこもっ
た授業はできない。さまざまな指導書や，インターネット上に公開されている
指導案を参考にすることは，たいへん結構なことではあるが，それをそのまま
に受け入れるだけでは，教師の授業の幅は狭くなり，子どもたちの学びの幅も
また狭くなってしまうだろう。

　教材研究を重ねて，子どもの姿と重ね，目標に対してどのような方法がとれ
るかを考え，学習指導案をつくることは，はたして無駄なことなのだろうか。
また学習指導案は，教師の指導の幅を狭めてしまうものなのだろうか。振幅の
ある授業展開をしていくためには，どのように教材研究をし，子ども理解を深
めていくことが必要なのだろうか。

## 4．学習指導案は，ずれてはいけないものなのか
### ──ずれによる創造

　「学習指導案をつくると，それに授業が縛られてしまう気がする」。それは，
「学習指導案に記すことができるのは，教師が想定したただ一つの学びの道筋
だ」という認識からくる言葉ではないだろうか。現実の教室では，いかに緻密
に計画し，実施したとしても，教師の意図どおりに子どもが学ぶとは限らな
い。むしろ，教師が計画どおりに進めようとしすぎると，創造性や即興性が阻
害され，子どもの予期しない言動や成果は切り捨てられるのも事実だろう。

　上田薫（1920-2019）は，戦後，社会科の新設に関わり，経験主義の問題解決
学習に基づく社会科の初志をつないでいくために，同じく社会科の新設に関

わった重松鷹泰らとともに民間教育団体「社会科の初志をつらぬく会」を立ち上げ先導してきた教育学者・哲学者である。同会は、「個を育てる教師の集い」という別称がつけられており、子どもたち自身が自らの問いとして、社会の問題を考えていく問題解決学習を通し、子どもを社会形成の主体として育てるために、子ども理解に重きを置いた授業の研究・実践を重ねている。

　授業は、答えを出して終わりではない。「分からない　から　分からないへ」という上田の言葉に表れているように、彼は、教師に対し、社会のあらゆる「矛盾」に気を留める目をもつことを求め、子どもたちには、答えを出し、わかったつもりになって満足するのではなく、問いから新しい問いを見つけ、進んでいくような追究心を育むことを求めた。経験主義の社会科が求めた「民主主義の担い手」を育てるという思想は、社会のあらゆる矛盾を他人事とせず、鵜呑みにもせず、その問題を自分事として追究するという、授業観につながっている。

　「ずれ」とは、上田が生涯を通じて着目してきた概念である。人はみな、教師も子どもも自身の想定の中で物事を考えている。では、その想定に囚われずに物事を追究していくためには、どうすればよいか。上田は、一人ひとりに見えている世界、一人ひとりの想定を戦わせ、互いの「ずれ」を認識することが大切であり、その「ずれ」こそが、新しい価値を生むと考えた。事実や正解は、人と人との「ずれ」の中にあるというのが、上田の動的相対主義である。1973年、上田は著書『ずれによる創造——人間のための教育』（黎明書房）の中で「生きた授業を成立させるための観点」を提示しているが、この「ずれ」への着目は、子ども理解に対しても、授業づくりに関しても一貫して、上田の主張の中心にあり続けた。

　本節では、上田の「ずれ」や「動的相対主義」の考え方から、どのように授業づくりが展開されたかを見ていきたい。

第Ⅰ部　授業づくりの基盤をつくる

## (1) 教師の子どもに対する理解の「ずれ」——カルテ

　上田が考案したカルテは，その子どもに対する見方が「えっ」「おやっ」と
変化した瞬間を教師がメモし，その瞬間瞬間の意味を振り返ることでその子へ
の理解を深め，その子に対する認識を形成する教師自身の見方を自発的に更新
していく取り組みである。人が人を理解するとき，「この人はこういう人」と
知らず知らずに，一面的にとらえがちである。しかしながら，一人の人の中に
は，さまざまな面があるものである。カルテは，理解したつもりになっていた
子どもの姿が，その子を形成する一つの面でしかなかったことに気づき，その
子に対する全体的なとらえに近づき，その子がもっている願いを理解するきっ
かけなのである。そして，カルテをつけていく中で教師も子どもたちへの「願
い」が形になっていき，その願いを実現するために，どのような教材がよい
か，その教材にどう向き合わせていけるか，という教材研究が行われ，授業実
践につながるのである。

## (2) 授業における全体と個の「ずれ」——座席表授業案と全体のけしき

　授業の中で，子どもたちは実に多様に学んでいる。上田はその中でも，全体
の流れからずれた子どもの学びに着目して，授業というものを検討することを
大切にしていた。そうした上田の姿勢から生まれていったのが，「座席表授業
案」「全体のけしき」である。その例を見れば，よく見る指導案や単元計画と
はかなり，異なる様相を示していることに気づくだろう。

　カルテでつかんだ子どもを授業で活かす方法として，座席表が登場してき
た。座席表には，その子の全体的な特徴や，その時間の教師の期待などが書き
込まれるようになり，カルテなどの子ども理解の積み重ねをもとに白紙の座席
表に，その子に対する教師の願いや，働きかけの手立てを書き込んでいく「座
席表授業案」（図2-1）の形式がつくられていった。

　座席表授業案には，中央に授業の流れが記載され，□□□□で囲まれた発問

46

と，それに対する応答予想が書かれ，授業の目標に向かってどのような学びを期待するかが描かれる。その単元，その教科以外の場面での子どもの様子なども関連づけられ，カルテに表れる一人ひとりの子どもへの願いが，本時の展開と組み合わせて示されている。それぞれの子への理解を，教室の座席表に示していくことで，子どもたち同士のつながりや関連も見えてくる。その発問をどの子に問いかけ，何を考えさせたいか，その子の意見にどの子がどのように反応するだろうか，と詳しい想定の中で，授業が組まれている様子がわかる授業案である。

　また「全体のけしき」（図2-2）とは，カルテや座席表授業案で理解を深めていった児童生徒の姿と教材とを重ね，児童の思考の道筋を一望できるように描いた単元計画である。単元の局面の中でどの子に働きかけ，またそのことがどの子に波及し，学びを深めることになるのか。一方で，それぞれの子のこだわるポイントを見定め，その子の学びが単元を通してどのように深まっていくのかを示す。多様な関心・課題をもった子どもたちの学びを支えるため，それぞれの学びの道筋をそれぞれにかつ豊かに関連づける複線的な指導案になっているのである。「座席表授業案」も「全体のけしき」も，単元の学習が進むにつれて，変化する児童の姿に応じて，修正されながら形成されていく。

## (3) 教師の意図と子どもの思考や行動とのずれ

　そして，何よりも上田が注目したのは，「教師の意図と子どもの思考や行動のずれ」「教師の計画と実際の授業とのずれ」であった。上田は，

　　ずれを生じるということは，計画に不備があったか，その実施に誤りがあったか，とにかくなんらかの手落ちが介在したことを意味し，成功した事例においては，ずれは皆無というのが，一般の理解のようである。「ずれを生じた授業は失敗である。ずれはなんとかして防がねばならぬ。ずれがあっては系統的な理解が成り立たない」このように考えるのが常識なの

第Ⅰ部　授業づくりの基盤をつくる

5年1組　授業者　小酒井厚子
国語「キュリー夫人『苦難と栄光に満ちた生涯』」
（本時は4時〈10時間中〉）
平成2年2月28日

**鴻野**

**山口**
ひらめきには時間がかかるが、言葉には鋭さをもつ。矢田へ願いを書けた。「言い聞かせた」を深めることができるだろうか。この子なりの思いを出させる。

**大村**
既習の「言葉と事実」と関係づけることで、より深く言語の価値を見出している。

> せっかく、日本語で話すことの価値を知ったのに、日本語が使えないとしたら

と投げかけ、意識を高めたい。

**胸井**
「高価な『井川メンバ』（地域の伝統工芸。曲げ物のお弁当箱）より、中身が豪華なほうがいい」の発言は、本心そのものだった。が、少しずつ伝統工芸の価値を見出し始めている。

> もし、文化が無くなってしまったらで考えさせていきたい。

父は着物の仕立師、文化喪失は、父の仕事を失うことでもあることに気づかせる。

**柳生**
柳生も金井も、部分に固執し全体の流れに乗れないことがたびたびある。そのため、自分の思いが膨らましきれず終わってしまうことが多いのではないか。この子たちの思考の脈絡にも答えてやらねばなるまい。考え方を知るためにも、「こっそり」に隠された気持ちを聞きたい。

**宮島**
安達と同じ願い。

> ロシアの支配下にある苦しさを、道徳、社会と関わらせて考えさせる

**大山**
城戸の言葉を借りて「自分らしく生きたい」と言った。ここでもこだわりを見せるであろうか。きれいな言葉でごまかしてしまうことが多いので、今後の学修の中で、自分らしくとは、都合の悪いことを乗り越えたとき、初めて身に備わるものであることをとらえさせたい。

しかし、その逆境の中身の中で第6、7時

**石井**
父親と井川メンバの歩みを発言。もし、井川メンバが使えなくなったら…

> それはお父さんの歴史も捨ててしまうことではないのか

と投げかけてみたい。人まねの発言に悩み、なかなか動きだせないこの子が、やっとこの子の経験で言える機会を得たのだから、活かしてやりたい。

**金井**
「そんなのいやだ！」といった思いを膨らませる。ここからまったくかけ離れたものと思っていたキュリー夫人像が、身近なものに感じられるであろう。

> 自分はどんな文化を大切にしたいのか、紹介させながら、それを取り上げられたときの気持ちを想起させる

**早川**

**河井**
「ロシアの支配下にあったのに、ポーランドのために尽くすことなど出来るのか」は、この子のこだわり。本時、みんなに考えさせるには無理があるので、次時の問題とする。

**佐竹（2/28欠席）**
道徳「日本の宝」では、明治になって入ってきた外国の文化を軽薄なものと決めつけ、なかなか考えを崩せなかった。やや一面的で固い考え方をする。それが頑なになった心を閉ざす要因にもなっている。同じ文化を担う者として、周りとの仲間意識を育てたい。

**船山**
「将来の青年団長！」といったところ。町内の行事にも好んで参加、地域に脈々と息づく井川メンバのファンでもある。この時期に、反論を恐れず主張することの大切さを学ばせたい。

**法月**
2月「僕は、創る喜びのある職人になりたい。しかも立派な仕事をすれば認められる価値ある人間になれる」と言う。本時は、自国の文化を切り捨てられていくマリヤの気持ちを察するであろう。虐げられた人々の気持ちを理解させたい。また、そのことが、キュリーの向上心の背景にあることも、今後わからせていく。

**城戸**
分析的見方のできる子なので、ポーランドの歴史的背景を根拠にマリヤの気持ちに迫ってくるかもしれない。資料は豊富だが、神髄に迫りきれない水野に聞かせる。

**沢入**

**滝浪**

---

自国語を理解できないマリヤ
↓
みじめな状態とは、どんな状態だろう

・ロシア人の役人が前触れなく踏み込んでくる教室
・こっそり自国語や歴史を学ぶことしかできない
↓
みなさんは、道徳「日本の宝」で文化を売ってしまった日本人について学んだ。が、今度は、自国の文化を取り上げられてしまったとしたらどうだろう

・日本語でなく、外国語を話さなければならない。憶えられない
・長い間、築き上げられてきた伝統工芸の文化も無くなってしまう。
・もしかしたら米だって食べられなくなるかもしれない
・町内の祭りだってやれない

「こっそり」にはどんな気持ちが隠されているのだろう

びくびくした

ロシア人を恐れていたが、

## 図2−1　座席表授業案（図中の姓は仮名）

出典：小酒井・大坪（1991, 232-233）の原図をもとに筆者作成

第2章　学びの主体をつくる

《目標》本時は，ロシアの占領下に置かれているポーランドの中で，マリヤが，ロシア人を恐れつつも，何としてでも自国語や歴史を学び取ろうとしていたことを，「こっそり」や「言い聞かせた」の言葉の中に読み取らせる。この学習を通して，マリヤの祖国への愛をとらえるとともに，そういった思いは自分の中にも流れていることを気づかせていく。

の気持ちはどんなだったろう

何としても，自分の国の言葉や歴史を学んで見せる

それが，どの言葉に現れているのだろう

・こっそり
・「大きくなったらこの国のために尽くそう。立派なポーランド人になろう」といつも言い聞かせた

「いつも思っていた」と比べよう。どんな違いがあるだろう

「言い聞かせた」のほうが，強い意志が感じられる

どちらか議論になったとき，「言い聞かせた」で深めていく

何としてでも
「何としてでも」という強い意志があった

マリヤのポーランド人としての誇りを，法月はより強く感じるであろう

| 矢田 | 安本(2/28欠席) | 久保 |
|---|---|---|
| 　情感が豊かで，ときに言葉を無視した主観的なとらえに走りがちだった4，5月に比べ，ずいぶん客観的な読みができてきた。<br>　本時，「言い聞かせた」を「思っていた」との比較の中でイメージを膨らませたい。 | 　寺院の息子。道徳では，欠席のため，土壌は耕やされていない。しかし，感覚的な鋭さがあるので，周りの「文化が無くなる，そんなのたまらん！」の声に応えるであろう。 | 　この子が動き出すには，時間がかかる。今，心の動きを止めてしまっているのは，なぜであろう。<br>　私が，見えなくなってしまっているのであろうか。この子のため，私のため，一つでもメモを取りたい。 |
| 永田 | 青野 | 牧田 |
| 　教師の「授業に参加しないで，家庭学習だけに力を入れるのなら，家での学習をやめたら…」の意見に「今の私には家庭学習が必要なのだから…」としがみつく。この心意気が好きだ。発想の乏しさを周りの考えで膨らませてやりたい。 | 　アクセントも語彙力も，他から比べれば弱い子。が，前向きにがんばる子。本校の子は，スマートではないので，こういう子が多い。永田同様，周りからイメージを膨らませてやりたい。 | 　「言葉を大切にすることが，文化を守ること――助詞に気をつけたり，本を読んだり…」。統合力があるので，授業の最後に，マリヤの気持ちをまとめられるとよい。 |
| 二谷 | 長井 | 川端 |
| 　安達と同じ願い。 | | 　国語「雪わたり」で鹿の子に自分を重ね，関わることを意識し始めている。 |
| 谷崎 | 坂井 | 持田 |
| 　道徳「日本の宝」では，いち早く社会の伝統工芸の学習と結び付けて切実な思いを訴えた。困難から逃げやすく，不安定だが，この頃，この子の眼の中に「今のままではいけない」という思いが表れている。この動きを大切に受け入れたい。 | 　私のことを信頼するあまり，合わせよう合わせようとしてしまう。<br>　「お父さんが大好きだから，日本の文化を失いたくない！」という自分の思いに気づいているのだろうか。ホームの子ゆえに，肉親の愛や絆を人一倍求めている。石井の声に耳を傾けるだろう。 | 　安達と同じ願い。 |
| 野上 | 松島 | 安達 | 木谷 |
| | 　社会科の授業で「僕はきれいで簡単で給料の高い仕事をやりたい。伝統工芸の職人のようなきたない仕事はやりたくない」と主張。周りの反論。 | 　とかく，ずれてしまいがちなこの子に，言葉のイメージを膨らませてやることで，的確なとらえ方を養う機会とする。 | 　社会科の授業で「僕は，フリーアルバイターがいい」。どうも，責任ある立場を逃れたいきらいがある。米の文化に意識が向いているので，指名し意見を確立させる。 |
| 水野 | | どんなとき「言い聞かせる」を使うか | |
| 資料は豊富だろう。 | もし，文化が取り上げられたら | | |
| | で指名し，考えを揺さぶる。 | 発言の中に，短文づくりをさせる。持田，二谷にも。 | |

第Ⅰ部　授業づくりの基盤をつくる

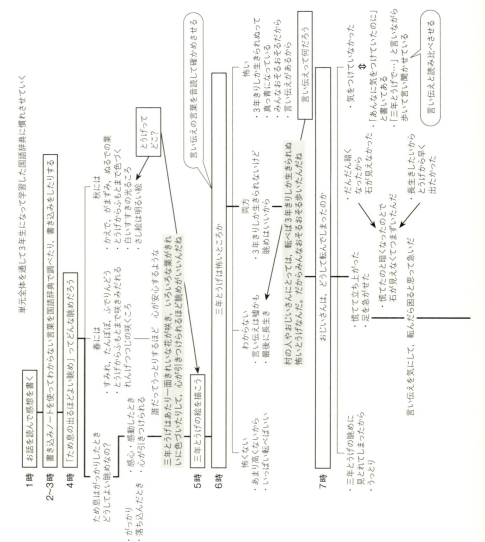

第2章　学びの主体をつくる

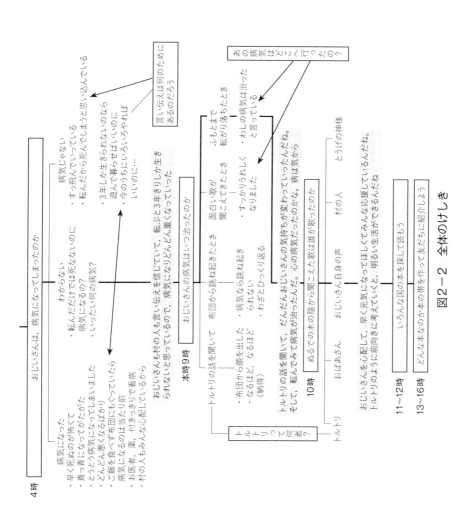

図2-2　全体のけしき

出典：安東小学校研修資料より筆者作成

第Ⅰ部　授業づくりの基盤をつくる

であろう。

　　このような考え方はたしかに一応はもっともなのである。ずれの克服を
めざすことが肝要だということ自体は，明らかに正しいのである。

と述べている（上田，1973，232）。しかし，上田は「ずれをゼロにしていくこと
は不可能であり，完璧な計画はない」という立場に立ち，対処する唯一の方法
は「ずれを活かすこと」であるとした。それは，教師と児童生徒とのずれを大
きくするということではもちろんなく，あくまで小さくしようと，子どもたち
を理解し，教材を深く理解することで，内容を緊迫させ，充実させ深めていく
ことが，ずれの克服よりも大事なのだと，上田はいうのである。

　　上田はまた，

　　　もし指導がひとりひとりの子の奥深くまで働くことがあるとするなら
　　ば，その際の効果は子どもごとに違わざるをえなくなるにちがいない。計
　　画も思惑も働きあるものであればあるほど，個々の子に異なったかたちで
　　しみ通っていくはずなのである。

と述べている（上田，1986，108）。一人ひとりに迫り，教師の願いを込めて，工
夫し尽くした授業であれば，子どもたちの学びが教師によって制限されること
はなく，むしろ自由に，その子たちらしい追究が授業に生まれるのである。

　　教育は人と人の営みである。子どもたちの姿を知っているからこそ，授業の
中での子どもたちの姿から，教師は自身の計画を捨て，ずれざるをえなくな
る，ずれずにおれなくなるのだと，上田は語った。計画からずれてこそ，子ど
もと教師の関係の上に授業が立ち上がると考えたのである。

　　学習指導案は，ずれてはいけないものでもなければ，一つの学びの筋道しか
書けないものでもない。むしろ学習指導案を書くにあたって，子ども理解を深
め，教材研究を行い，何通りもの学びの筋道を想定し，教師が「何を教えたい
のか」「何を学んでほしいのか」を明確にしておくというプロセスを大事にし

てもらいたい。そうすれば，さまざまな要素を詰め込んだ，複雑な授業設計にはなってこない。むしろ，単純明快な指導案となり，明確だからこそ，子どもたちは安心して，多様に学びを深めることができるのである。

多くの教師が「わかりやすい」「どの子にもわかる」授業を目指すだろう。私もまた，授業は「わかりやすく」あるべきだと考えている。「わかりやすい授業」の近道は，その授業で学ばせたいことの中核を明確にすることである。その「ミニマムエッセンシャルズ」を見出し，それを核として授業を設計することが，どの子も参加できる授業の前提であり，そのうえで，子どもたちの多様な学びを教師も子どもたちも互いに楽しみ，深めていくことが，教師があれこれ先導する授業から，子どもとともにつくる授業へと深化させる道なのである。

## 5. 子どもの主体を立ち上げる授業

吉本均（1924-1996）は「子どもは『伝達・注入』の対象でもない，また，『援助・支援』の対象なのでもない。子どもたちは，『自ら学ぶ意欲・関心』の主体であり，『思考し，判断し，表現する』主体者でなくてはならないのです。子どもたちを『学習主体』として育てあげるためには，かれらの身にかかり，内面をゆさぶる，教師からの一貫した働きかけ，呼びかけ，問いかけが不可欠に重要なのです」と述べている（吉本, 1995, 5）。教育は，権利の主体・所有者・履行者そして自治的集団を育てるものでなければならない。教師が中心か，子どもが中心かではなく，両者が呼応し合いつくり上げていくことが重要なのである。

私たちは，子どもたちが社会に出て苦労しないようにという老婆心から，とかく，子どもたちに対して「そんなんじゃ社会で通用しない」などと言って，社会に「適応」させようとしてしまう。現代の日本は，あらゆる側面の能力が求められ「できて当たり前」とされるものが増えすぎ，そこに少しでも当てはまらないだけで，生きづらさを感じずにいられないような不寛容な社会になっ

てしまっている。こうした社会の状況を絶対として，それに子どもたちを「適応」させようとすれば，「適応できないあなたが悪い」といった自己責任論を助長することにもつながりかねない。

　社会の評価や，教育のあり方は，「個としての能力」「強い個」の育成・評価に目が行きがちであるが，個の能力が発揮できるか否かは，その環境に大きく依存する。だからこそ，真の「自立」を目指すならば，身の周りの環境へ働きかけ，参画する主体として子どもたちをみなし，その成長に寄与していくことが必要なのではないだろうか。主体性や積極性もまた，環境によって制限されたり，促進されるものであり，主体の問題は，環境と切り離して考えることはできない。学校や社会が，主体性を発揮できる環境となっているのかもあらためて検討する必要がある。

　教育の目的は「平和な国家及び社会の形成者」を育てることにあり（教育基本法），授業や社会の中で，抑圧されがちな子どもたちを，「民主主義の文化」を創造する主体として形成していくことが必要である（福田, 2004）。世の中が，Society 5.0の超スマート社会に向かうなか，学校教育は子どもの学びをより重視するため，「社会の中での自分の役割や責任についての自覚を軸にした学びの展開」が必要とされている（文部科学省, 2018b）。OECDラーニング・コンパス（2019年）では，その中心概念として，エージェンシー（行為主体性）を育てることが重要だと示された。エージェンシーとは，「望む結果を達成するために，自らの行動を組織化し，実行し，規制する能力。環境を見直し，選択し，構築する能力」（Bandura, 2001），あるいは「変化を起こすために，自分で目標を設定し，振り返り，責任をもって行動する能力」（白井, 2020）だという。現在はまさに教育にとっても世界にとっても過渡期といえる。そうしたなか，子どもたちが自らを形成し，学びの，人生の，社会の主体となっていけるような教育への転換が求められている。

［文献］

・ヴィゴツキー（2006）『ヴィゴツキー 障害児発達・教育論集』柴田義松・宮坂琇子訳．新読書社．

・上田薫（1973）『ずれによる創造──人間のための教育』黎明書房．

・上田薫（1986）『人間の生きている授業』黎明書房．

・上田薫（1995）『人が人に教えるとは──21世紀はあなたに変革を求める』医学書院．

・小酒井厚子・大坪弘典（1991）『座席表授業案の活力──安東小学校における実践』黎明書房．

・斎藤喜博（1970）『斎藤喜博全集6 授業の展開 教育学のすすめ』国土社．

・白井俊（2020）『OECD Education2030プロジェクトが描く教育の未来──エージェンシー，資質・能力とカリキュラム』ミネルヴァ書房．

・福田敦志（2004）「教育実践における主体形成論の再検討」．『大阪樟蔭女子大学学芸学部論集』第41巻，175-184．

・三浦光哉編著（2020）『本人参画型の「自立活動の個別の指導計画」──理解度チェックと指導計画の様式』ジアース教育新社．

・文部科学省（2017）『特別支援学校教育要領・学習指導要領 総則編（幼稚部・小学部・中学部）』．

・文部科学省（2018a）『特別支援学校教育要領・学習指導要領解説 自立活動編（幼稚部・小学部・中学部）』．

・文部科学省（2018b）Society 5.0に向けた人材育成に係る大臣懇談会 新たな時代を豊かに生きる力の育成に関する省内タスクフォース「Society 5.0に向けた人材育成──社会が変わる，学びが変わる」．

・文部科学省（2022）「通常の学級に在籍する特別な教育的支援を必要とする児童生徒に関する調査結果について」．

・吉本均（1995）『思考し問答する学習集団──訓育的教授の理論（増補版）』明治図書出版．

・Bandura, A. (2001) Social cognitive theory: An agentic perspective, *Annual Review of Psychology*, 52, pp.1-26.

## 第3章

# 学びの存在をつくる

櫻井貴大

---

**【要旨】**

　この章では，障害特性に応じた指導論は，定型発達の基準に適合させることが目的とされ，多様性の尊重ではなく「同化」を助長する可能性があることを指摘する。そこで生活と存在の追求は対立するものなのかを検討し，知識や技能の獲得だけでなく，非認知能力の育成という観点から自分らしく生活することの意味やそのための教育方法についてのあり方を探る。最後に，ICTを活用した学びの支援に関して，障害のある子どもたちにとって，問題行動の解決や学習効率の向上を目指すという解決ではなく，自己を理解することにより問題が解消される可能性を指摘した。

---

## 1．障害特性に応じた指導論・補償教育論の問題

　障害によって障害特性があることは周知されている。たとえば，自閉スペクトラム症児は見通しがもちにくく不安になる場合がある。その際に，視覚的スケジュールを使用することにより，次に何をするのか予測を立てて，スムーズに行動することができる。このような障害特性に応じた指導は多くの教育現場で取り入れられている。ここで，なぜ障害特性に応じた指導が必要なのかをもう一度考えたい。おそらく，その子がパニックにならないようにするため，安心して学校生活を送ることができるようにするためなどさまざまな理由があげられるだろう。しかし，その根底には無意識的に「定型発達児たちができること」という基準があるのではないだろうか。そして，その基準とのズレを埋め

るための指導，つまり，できていない部分をできるようにするための指導が障害特性に応じた指導という補償教育論に行き着くことにつながり，さらに，教師はそれに無自覚であるという問題がある。ここでは，できないことをできないままにしておくことが良いことであるとか，できるようにすることが悪いことであるということを意味していない。問題は，その子が安心して学校生活を送るためであるという建前に隠され，「定型発達児ができること」という基準に近づけるための手段として使用され，多様性の尊重ではなく「同化」を助長することにつながっているということである。

## 2．生活と存在の追求は対立するものなのか

　授業と生活の関連について湯浅（2019）は，子どもの生きている基盤＝「存在」が認められる場をつくるために授業がいかに寄与するのか，そして，認識と表現の主体として自立しようとする子どもの気持ちに参加し，主体になりゆくまでの過程を子どもにつくり出す生活を保障するのが学校の役割であると述べている。これをふまえると，生活と存在の追求は対立するものではなく，むしろ親和性の高いものだといえる。

　まず，子どもの生きている基盤＝「存在」が認められるためには，他者の存在が必要となる。その他者となりうるのは，教師や子どもである。廣瀬（2019）は子どもに話しかけ，言わんとすることに傾聴し，添え木となって同じことをする教師，このような教師こそが，その子どもの存在をつくっていくとしている。湯浅・冨永（2002）によると，人間は，相手があってはじめて自分の存在に気づき，意識するのであり，うまく自分の存在を認識できないでいる子どもたちには，最初にその子どもの相手になることが教師であり，次に，周囲の子どもとの関係をつくっていくことにより，その子どもの存在をつくっていくとしている。これらをふまえれば，他者集団の中で自分の存在に気づき，自分らしく生活していくために授業がいかに寄与するのかを考えていく必要がある。

　津守真（1997）は愛育養護学校における保育の実践から「子どもは大人から

第Ⅰ部　授業づくりの基盤をつくる

存在を承認され，自分の存在が価値あるとの確信——存在感——を得る」と述べ，目の前の子どもと保育者の「関係性」の中でとらえている。さらに，「『私は，日頃，学校をどの子どももそれぞれがあるままで生活できる場としたいと考えている』。だが，『他の子どもと一緒に遊べるように変化しなければ生活しにくい状況』を作っていてそれに気がつかないことがある」とし，「『子どもの内なる課題に気がつき，それにこたえて行為（保育）するとき，大人と子どもとの関係は創造的に変容しはじめる』，相手が変化しないでも，そのままでつきあってゆくのには，保育者自身が心の枠を広げなければならない。理解するとは，自分自身が変化することであって，相手を自分の期待に沿うように，あるいは知識の網の目に入れるように変化させることではない」と指摘している。これは子どもの「生活に内面的に参与し，その子どもの生活を展開しつつ，その原動力となっている意味を発見しようとするのが，保育における方法である」と述べていることからも，子どもを変化させたり，発達させたりする対象として認識するのではなく，子どものあるがまま，つまり，子どもの存在そのものを認めることの重要性を指摘しているのである。そして，自身の考えに囚われることなく，子どもの内面に寄り添い，子どもの内面から生活を理解しようとすることを通して，その行為の意味を理解しようと試みることが，結果的に「『いま』を充実させるとき，そこから子どもの能動性が動きはじめ，社会性が生み出される」ことにつながると解釈できる。

　このように，津守は子どもとの関わりの中でしか，子どもを理解することはできないものであり，子どもの存在と生活を分け隔てるのではなく，保育者との関係の中で，その存在を認められ，生活の中で子どもが主体的になっていくと述べているのである。

　一方で折出（1988）は，生活とは，生活する者の内面のものの見方・生きがいを含むことと説明している。つまり，何かができるという能力を含んだものではないと解釈できる。しかし，特に障害のある子どもたちは，自身の生活を成り立たせるために，たとえば着脱ができる，排泄ができる，食事ができるなどの能力は当然重要な要素となり，必要となってくる。これらの能力は生活の

中でいのちを保持し社会生活を送るための力ともいえるが，それだけでなく，社会生活に適応できる体力や社会性を身につけながら，自分らしい生活を選び取り，自分らしい生き方をつくり出す土台となっている（湯浅・冨永, 2002）。すなわち，自分らしく生活するためには，それを実現するための能力が必要でもあるという矛盾が生じることがある。この矛盾を抱えながら，障害のある子が生活していくために，生活単元学習の名のもとに可視化，評価可能な「できる」を増やすことを目的とした能力主義に傾倒していくことは，生活的自立に必要な能力であるかもしれないが，自分らしく生活することには必ずしもつながらないことを理解しておかなければならない。

　これらをふまえて，自分らしく生活していくために授業がいかに寄与するかを考えるうえで，津守（1997）の「省察」という概念に着目したい。「子どもは，保育者との間で，存在感が確かにされ，希望をもって現在を生きるようになる。静かに自らの内に沸き起こる能動性を養われて，周囲の事物を自分で選択する意志を育てられる。相互性をもって他者とのやりとりをたのしみ，他者に対する誠実さを育てられて共同の活動をつくる。そして自信と誇りをもった自我を形成し，他者が自己実現するのを助ける保育者として成長していく」としている。そのうえで，「出会うのは，偶然の機会を尊重し，相手の側に立とうとすることである。出会った後，相手の行動を表現としてみて，自分の理解に従って応答する。どのように理解するかは保育者に問われている。その現在を充実させることによって次が展開する。その体験を思い返して省察するところまでが全体の保育である」と述べ，省察は重要な概念であり，誰でも同じようにできるわけではなく，道徳的な基準に照らして評価するのではなく，体験として，無意識的にとらえられている体験の認識に何度も立ち返り，そのことの意味を問うことであると述べている。

　つまり，達成目標に到達していたか否かを評価するのではなく，子どもとの関係をふまえて，その子どもにとってのどのような意味があったのかを問うことといえよう。そうであるならば，「どのように指導するのか」を問う以前に，その子がどのようになりたいと思っているのか，それらをどのように認識し，

第Ⅰ部　授業づくりの基盤をつくる

どのような感情や気持ちが湧き起こっているのか等の目に見えない関係の中で
生じる現象を問う必要がある。ある教師をまねて同じように指導をしていて
も，子どもたちが異なった反応を返してくることは多くの教師が経験している
ことであろう。

　しかし，ここで問題となるのは指導方法が異なっているという指導法のみに
焦点を当ててしまうことである。指導法が同じであっても教師と子どもの関係
性が異なれば子どもの反応が異なるのは当然なのである。すなわち，指導法の
みを取り上げるのではなく，教師と子どもとの関係性をふまえて，その指導が
その子どもにとってどのような意味をもち，受け止められ，教師がその子ども
をどのように理解していたのか，子どもが教師をどのように理解していたのか
という相互関係の中で認識を問い直すことなのである。そうすることで，湯浅
(2019) の指摘する，子どもの生きている基盤＝「存在」が認められる場をつく
るために授業がいかに寄与するのか，認識と表現の主体として自立しようとす
る子どもの気持ちに参加し，主体になりゆくまでの過程を子どもにつくり出す
生活を保障する指導とは何かを問うことにつながるのである。

## 3. 自分らしく生活するとは何か──生活・存在生成の教授学へ

　学習指導要領の改訂の際に，「何ができるようになるか」を以下の資質・能
力の三つの柱として説明している。

① 「何を理解しているか，何ができるか（生きて働く「知識・技能」の習得）」
② 「理解していること・できることをどう使うか（未知の状況にも対応できる
　「思考力・判断力・表現力等」の育成）」
③ 「どのように社会・世界と関わり，よりよい人生を送るか（学びを人生や
　社会に生かそうとする「学びに向かう力・人間性等」の涵養）」

(中央教育審議会, 2016, 28-30)

としている。これに対して，溝上（2020）はこれらを氷山モデルと見立てて以下のように説明している。

　　氷山モデルで見れば，海面下深層に位置する資質・能力として理解されるものである。海面上の知識・技能（見える学力）や海面下表層の思考力・判断力・表現力等（見えにくい学力）を「認知能力」と見なし，海面下深層の学びに向かう力・人間性等（見えない学力）を「非認知能力」と見なして理解することができる。（溝上，2020, 2）

　これをふまえれば，「何ができるようになるか」を考えるうえで，見えない学力としての「どのように社会・世界と関わり，よりよい人生を送るか（学びを人生や社会に生かそうとする「学びに向かう力・人間性等」の涵養）」という非認知能力が非常に重要であることが理解できる。

　小塩（2021）はその人の「よい結果」に導くには非認知能力が関連しているとし，その「よい結果」とは多面的で異なる複数の要素が含まれ，お互い両立することが難しいものもあり，自分にとっての「よい結果」が万人にとってもよいわけではないと説明している。

　これらの知見は，「定型発達児たちができること」を基準にして，障害のある子のできない部分をできるようにしたとしても，それが必ずしもその子にとっての「よい結果」には結びつかないことを意味している。ここにこれまでの補償教育論の限界があり，自分らしく生活していくためには，「『学びに向かう力・人間性等』の涵養」という非認知能力に着目していく必要がある。

　先述した，自分らしく生活するためには，それを実現するための能力が必要でもあるという矛盾についても，必要な能力を身につけさせることを目的とした補償教育論に立った指導は，非認知能力ではなく認知能力の向上を目指していると考えられる。すなわち，テストや可視化可能な評価軸での指導なのである。当然，そのような能力は必要であるが，その能力を下支えしているのが非

第Ⅰ部　授業づくりの基盤をつくる

認知能力なのである。

　そうであるならば，その子がどのように自分らしく生活していきたいのかを汲み取り，それに向かっていくためにはどのような指導が必要であるかを考えたときに，能力だけでなく，たとえば，粘り強く課題に取り組もうとするという非認知能力が育っていなければすぐに投げ出してしまい，自分らしい生活を実現することから遠ざかってしまう。一方で，そのような非認知能力が育っていれば，自分らしく生活していきたいという目標に自らが向かっていき，粘り強く課題に取り組むことによって，結果的にそれらの生活に必要な能力を獲得していくことが可能になることも期待できるのである。もちろん，それらの能力が獲得できない場合も多くあるが，そのプロセス自体が自分らしく生活することであるともいえよう。これは，教師が先回りして必要な能力を獲得させようとする指導により必要な能力を獲得したものと，子どもたちが目標に自ら向かっていき結果的にそれらの生活に必要な能力を獲得したものとでは，同じ能力であってもその意味が大きく異なるのである。

　津守（1997）は「いま」の重要性を主張している。「現在を充実して生きるとき，過去は変えられ，未来はその中から生み出される。出会った子どもと，たとえ短時間でもともにいる『いま』を充実させてかかわるところから，未来が展開する」と述べている。さらに「ときとして私は，もっと能率のよいやり方があるのではないかとの疑念にとらわれることがあるが，それは現在まだ到達していない状態を想定し，未来の視点から現在を見る見方である」と指摘している。これは，自立を目指すがあまり，現在の授業や生活を充実させることよりも，自立に向けて今何が必要かという未来のための「いま」になっていることへの省察といえよう。

　この津守の指摘は，保育における遊びは手段ではなく目的であるという概念に通じている。たとえば，手先を器用に動かすことを目的として粘土遊びを展開することは遊びを手段として用いていることになる。そうではなく，たとえば，昨日行った動物園への遠足の思い出や楽しさを表現したいという子どもの内面的な動機を出発点に，粘土で動物園をつくろうという遊びが展開し，実

際に見たキリンの模様を再現しようと粘土を小さくちぎり，模様を形成していく。このような過程こそ遊びが目的であるといえるものである。そのような遊びを通して，結果的に手先が器用になるのである。

　授業の構造は，「教師」「子ども」「教材」の三つの要素からなり（湯浅・冨永，2002），集団を前提としている。学習の目的に応じた集団が編成される一方で，生活のための集団は年齢単位で編成されるという違いがある。この背景には，自立という目標があると考えられる。自立活動の目標は教育要領・学習指導要領に「個々の児童又は生徒が自立を目指し，障害による学習上又は生活上の困難を主体的に改善・克服するために必要な知識，技能，態度及び習慣を養い，もって心身の調和的発達の基盤を培う」（文部科学省，2018）と記載されている。この自立活動の目標が，過度に社会的自立を重視することにつながり，結果的に職業訓練のようになってしまうのではなく，自立を支え，自分らしく生活していくための，「『学びに向かう力・人間性等』の涵養」という非認知能力を伸ばしていくことも求められるのである。

　これらをふまえると，その子どもが自分の存在をどのように認識しているのか，自分らしく生活するということをどのようにとらえているのか，教師や集団の中での関係から認められているのかを省察し，「いま」を充実できるように保障していくことで，非認知能力の向上を促し，結果的に主体的になりゆくまでの過程を子どもたちにつくり出す生活を保障することにつながるといえよう。

## 4．ICTによる学びの支援の教授学的検討

　障害のある子どもたちにとって，たとえば，学習障害により文字を読むことが苦手な場合であっても電子教科書による音声読み上げ機能を使用することで学習上の困難は軽減されることはICTによる学びの支援といえるだろう。ここではそれだけではなく，障害のある当事者研究をふまえてICTによる学びの支援の教授学的検討を試みたい。

認知行動療法は「問題解決」を目指し，問題の仮説を提示するのはセラピストであり，クライエントはその仮説を受け入れることにより能動的に参加するものである。それに対して，当事者研究は「問題解決」を目指しておらず，「生活の中で起きてくる現実の課題に向き合う『態度』」（向谷地・浦河べてるの家，2006）であり，それによって「苦労の棚上げ効果」，つまり，抱えている問題に対して，研究すればいいという立ち位置を変えることにより，問題は解決していなくても，解消されるという効果が生じるという（べてるしあわせ研究所，2009）。これまで，問題は解決されるようにされてきたが，ここでは解消という効果について着目したい。

向谷地（2009）は認知行動療法およびSST（ソーシャルスキル・トレーニング）と当事者研究との関係について次のように述べている。浦河では，SSTが当事者の中に普及し，認知行動療法のエッセンスが，当事者の生活に馴染み，「治療」とか「援助」といった専門家の立場からの硬い言葉が，当事者の実感と主観の中で磨かれて自然な形で生活に定着するのと同時に，「当事者研究」は，当事者自身の症状の自己管理や再発の注意サインを把握するという作業が，骨格を残しながら発展を遂げたものだといえる。石原（2013）も，治療の技法から，苦労を取り戻し，人とのつながりを回復するためのコミュニケーション空間を支えるものへと，その性質を変えていったと述べている。

これらをふまえると，障害のある子たちへのICTによる学びは，学びにくさやわかりにくさという困難を解決・軽減するための手段として認識されているが，それだけでなく，自己の理解促進を促すツールとして利用していくことを可能にするかもしれない。たとえば，自身の授業中の動画を録画し，自身がうまくいった場面とうまくいかなかった場面を，「自分」で分析する。もしくは，教員やクラスメイトと一緒に「自分」を分析する。そうすることにより，自分自身で自らの存在を認めることや，他者との関係において子どもの生きている基盤＝「存在」が認められる場として授業が機能することが期待できる。当然，その分析によって，問題行動の解決や学習効率の向上を目指すということではなく，自己を理解することにより問題が解消されることを目的とし

ていく。その結果，当事者自身の症状の自己管理や再発の注意サインを把握する，自身で教材をカスタマイズすることによる支援も期待できるだろう。さらに，完全オンラインだけでなく，隣の教室からカメラ越しに授業に参加したり，個別対応の教員が別の教室からワイヤレスイヤフォンにより個別の声かけや担任との情報共有をしたりすることにより，制止や禁止から解き放ち，教室以外もともに学び合う場として機能するような指導も期待できるだろう。

[文献]

・石原孝二（2013）『当事者研究の研究』医学書院.
・折出健二（1988）「生活指導の再生——生活改変を求める専門家・住民の相互的自己形成と指導の自覚化」．『生活指導研究』第5号，41-65.
・小塩真司編著（2021）『非認知能力——概念・測定と教育の可能性』北大路書房.
・中央教育審議会（2016）「幼稚園，小学校，中学校，高等学校及び特別支援学校の学習指導要領等の改善及び必要な方策等について」．（https://www.mext.go.jp/b_menu/shingi/chukyo/chukyo0/toushin/__icsFiles/afieldfile/2017/01/10/1380902_0.pdf）
・津守真（1997）『保育者の地平——私的体験から普遍に向けて』ミネルヴァ書房.
・溝上慎一（2020）「溝上慎一の教育論（用語集）非認知能力」．（http://smizok.net/education/PDF/PDFaglo_00042(noncognitve).pdf）
・向谷地生良（2009）『統合失調症を持つ人への援助論——人とのつながりを取り戻すために』金剛出版.
・向谷地生良・浦河べてるの家（2006）『安心して絶望できる人生』NHK出版.
・廣瀬信雄（2019）「『障害児の教授学』の危機と未来への展望」．障害児の教授学研究会編『アクティブ・ラーニング時代の実践をひらく「障害児の教授学」』福村出版，197-211.
・べてるしあわせ研究所（2009）『レッツ！当事者研究1』（向谷地生良編集協力）地域精神保健福祉機構・コンボ.
・文部科学省（2018）『特別支援学校教育要領・学習指導要領解説 自立活動編（幼稚部・小学部・中学部）（平成30年3月）』開隆館出版.
・湯浅恭正（2019）「『障害児の教授学』——出発・発展と授業づくりの魅力」．障害児の教授

第Ⅰ部　授業づくりの基盤をつくる

学研究会編『アクティブ・ラーニング時代の実践をひらく「障害児の教授学」』福村出版,
　11-30.
・湯浅恭正・冨永光昭編著（2002）『障害児の教授学入門』コレール社.

## 第4章

# 学びの事実をつくる

### 吉田茂孝

---

【要旨】

　この章では，特別支援教育の授業実践において見られる子どもたちの学びの事実に焦点を当てる。目先の対応や行動のコントロール，態度主義に囚われた「できる」ことや成果主義を標榜することを学びの事実としてとらえるのではなく，そうした特別支援教育において誤解されている学びの事実を明確にしたうえで，今日の特別支援教育における学びの事実の問題について提起する。こうした問題提起から，斎藤喜博の「見える」ということに着目し，「見える」ということと指導の関係を検討する。このことをふまえ，具体的な授業研究に学びながら，学びの事実をつくり出す授業を展開する力を鍛える方法を考察する。

---

## 1. 学びの事実とは何か

### (1) 特別支援教育において実践されている授業の誤解
#### ——誤解されている学びの事実

　近年の教育改革から障害のある子どもの教育においても「目標に準拠した評価」が強く要請されるようになった。そうしたなか，教師による子どもたちへの行動面へのアプローチが強まっている。たとえば，「挨拶はできるか」「落ち着いて行動ができるか」といった「できる」ことばかりが強化されるようになっている。「何を目指すのか」といった理想のもち方についての検討がない

がしろにされ，「どうすれば教室で席に座っていられるのか」が問題にされるとき，「何のために席に座るのか」といったことが抜け落ちてはいないだろうか（丸山，2016，121-122参照）。

　子どもたちの行動を安定させるための目先の対応や行動のコントロールは，問題行動を起こさないためや作業をスムーズに行うために，これまでの特別支援教育の授業実践においても取り組まれてきた。この「問題行動を起こさない」授業や「作業をスムーズに行う」授業は，子どもたちに「よい」学びをつくり出すこととしてとらえられてきたのではないだろうか。こうした授業における子どもたちの学びの事実が評価され，広がってはいないだろうか。そこには，以下のような二つの問題が背景にあると考えられる。

　第一に，成果主義を標榜する授業実践の問題である。すなわち，成果主義の授業実践によって見えなくなる課題として，次のような実践例から「説明責任」や「PDCA」の問題が考えられる。ある教師が子どもに色の名前を教えようと色のついた積木を使って授業をしたが，子どもは積木に興味をもって積み上げて遊ぶだけの授業になってしまった。このことをPDCAの考え方に当てはめて実践を考えると，「色の名前を教えるのに積木ではダメだったから次の授業では別の物を使ってみよう」となる。確かに，「色の名前を教える」という目的を達成することはできなかった。けれども，「この子は積木で遊ぶことがとても好き」ということを発見したとも考えられる。こうした「説明責任」「PDCA」によって，授業の目標は絶対的なものとしてとらえられる危険性がある。そうではなくて，教師は子ども自身が楽しいと思う気持ちといった子どもの内面を見つめた授業実践の学びの事実に着目することが求められる（新井，2013，34-35参照）。

　このように今日の成果主義を標榜する授業実践は，子どもたちの学びの事実を誤った見方へと変容させている。すなわち，「説明責任」や「PDCA」によって授業目標が絶対化されることで，成果主義へとつながる教育目標のように，活動の中で「○○がわかる」「○○を楽しむ」といった「曖昧な目標」ではなく，「客観的に評価できる目標」が重視されてしまっているのである（丸

山, 2018, 64-65参照)。その結果，計測しにくい，曖昧な目標となる子どもたちの行動は否定的な見方でとらえてしまう。ここに，今日の教育評価に関する問題がある。

　第二に，「エビデンスに基づく教育」時代の「客観的なもの」への信奉である。教育評価に関する問題として，エビデンスに基づく教育への注目があげられる。エビデンスに基づいた評価のあり方が議論されるようになり，授業実践のあり方も大きく変化した。それに伴い，「客観的に評価できる目標」に向けた子どもたちの学びの事実が，疑いもなくよりいっそう重視されるようになったのである。

　こうした「エビデンスに基づく教育」の流行には以下のような気をつけておくべき点が指摘されている。

　　　学級や子どもの実態について数値的に示されたものが拡大解釈されて，「正しいもの」と認識されることのリスクである。必ずしもアンケートで得られた数値が子どもの実態を疑いなく示すものであるとは限らない。しかしそれにもかかわらず，数値化されたデータが「客観的なもの」とみなされるがゆえに，教師自身が「自分の見とりは間違っていた」と思い込むことは少なくない。（中略）得られたデータに基づいて，「目の前の子ども」の実態と向き合いながら問題解決をしていく主体は教師であって，数値化された「エビデンス」が何か「正しい教育方法」を提示してくれるわけではないことには十分注意しておく必要がある。（熊井, 2021, 210-211）

　このように数値化されたデータは，数値として表れることに効果があると誤解されたり，また「客観的なもの」としてみなされたりしてはいないだろうか。そうすることで，あたかもその授業実践を「よい」学びの事実として，疑うことも許されず，絶対視してしまってはいないだろうか。その結果，子どもたちの内面から浮かび上がってくる学びの事実に目を背け，数値化されたデー

第Ⅰ部　授業づくりの基盤をつくる

タにこそエビデンスがあると信奉し，誤解した学びの事実を「よい」学びとしてとらえているのである。

## (2) 特別支援教育の授業研究を取り巻く学びの事実の問題

　このような誤解した学びの事実が流布される背景には，授業研究をめぐるメカニズムに課題が潜んでいる。すなわち，教師個人の問題ではなく，授業研究を行うことがあたかも「よい」ものとして理解され，流布されているのである。

　今日，授業改善のための授業評価が行われるようになって久しい。授業評価は，教師自身でチェックできるようチェックリスト化されている。各項目には，評価を数値化して得点を付け，教師自身で振り返り，次の授業に活かすように作成されているものもある。たとえば，授業の「めあて」の明確化や学習の見通しの有無，学習環境の整備などの項目がある。ただ，教師の教授行為に対する評価に比べて，「○○を楽しんでいたか」などの子どもの内面の変容について書かれているものは少ないのではないだろうか。

　こうしたチェックリスト化された授業評価を使用したとしても，大切なポイントは，子どもがどう変化（変容）したかである。すなわち，子どもがどのように変わったのか，変わらなかったのかを，振り返ることが重要である（高橋, 2013, 140-141参照）。その際，子どもの変化（変容）を見とる教師の「見える」力がポイントになる。ただ，こうしたチェックリスト化する授業評価では，チェックリストにあげられた項目の良し悪しは，疑うことは許されず，チェックリストにあげられた項目に合致するような学びは既成事実となり，そうした誤解された学びの事実が，授業研究を通じて正当化され，流布されていく。

　また，特別支援教育が開始されて以降，心理検査などのテストによるアセスメントが，子どもの実態把握などに必要だとして試みられている。確かに子どもの実態を把握するうえで，アセスメントは有用である。ただ，一方で，テス

第4章　学びの事実をつくる

トによるアセスメントをめぐる論点として，以下のような二つがあげられる。

　第一に，テストによるアセスメントが全能的なものとして受け止められていることである。テストによるアセスメントのほとんどは，特定の「行動」について「できるか」「できないか」を調べる。こうして「できる」「できない」という水準を境に，子どもの発達段階や獲得段階を判断するのである。客観的な数値もそうであるが，標準化されているためシンプルでわかりやすく，全能的に見えるのが特徴である（奥住，2011，94参照）。

　第二に，「できる」ことの増加が発達として誤ってとらえられていることがあげられる。そもそも，「できる」「できない」という二分的な評価だけで子どもの発達をとらえる見方は，「できる」ことを能力や発達としてとらえ，発達の量的拡大の側面，それも子どもが独力で「できる」ことの量的拡大が発達であるという狭い発達観につながりかねないのである。すなわち一人で「できる」ことの増加が子どもの発達のすべてではない（奥住，2011，94-95参照）。

　このように，テストによるアセスメントでは，第一に，客観的な数値を介することでアセスメントが全能的なものとしてとらえられていることや，「できる」ことの増加が発達として誤ってとらえられていることである。第二に，「できる」ことの量的拡大が発達であるという狭い発達観にとらえられている問題である。

　これまで見てきたように，成果主義を標榜する授業実践の問題，エビデンスに基づく教育の問題，チェックリスト化される授業評価の問題，テストによるアセスメントの問題などは，前提となる「よい」とされる学びの事実が誤解されたまま目指されていないだろうか。加えて，チェックリストやアセスメントは，教育実践の結果の事実であって，授業過程における学びの事実を把握し，その学びの事実に対して，適切な指導を刻々に行うような方法までは言及していない。

　日本の授業実践において，こうした授業過程における学びの事実を把握し，その事実に対して適切な指導を検討したのは，斎藤喜博（1911-1981）である。斎藤は，授業過程における「とっさの判断」や「対応」の意義を述べ，授業を

71

第Ⅰ部　授業づくりの基盤をつくる

展開させる「教育的タクト」の役割を重視した（白石, 1989, 149参照）。その際，斎藤は，授業において「見える」ということの重要性も強調した。次節では，斎藤の「見える」ということに着目して考察したい。

## 2. 授業を読み取る力としての「見える」の形成

### (1) 斎藤喜博の「見える」ということの意味

　日本において「見える」ということを教授学に位置づけたのは斎藤喜博である（宮坂, 1974）。斎藤は，戦後の日本の授業研究をリードした実践家である。特に，斎藤自身が校長を務めた群馬県佐波郡島村立島小学校での教育実践は有名である。今日まで授業論や教授学の研究において注目され，特別支援教育の文脈でも検討されている（佐藤・新井, 2021）。そもそも斎藤は，「見える」ことと教師の対応力について以下のように述べている。

　　　教育とか授業とかにおいては，「見える」ということは，ある意味では「すべてだ」といってもよいくらいである。それは，「見える」ということは，教師としての経験と理論の蓄積された結果の力だからである。一人一人の子どもの反応を深くみつめ，それに対応することのできる教師としての基本的能力だからである。（斎藤, 1969, 172）

　すなわち，子どもたちの具体的な事実が「見える」ことや，子どもたちの反応に的確に「対応」する力は，単なるひらめきなどではなくて，「教師としての経験と理論の蓄積された結果」が反映されるのである。このことから，授業において教師の指導に対する一人ひとりの反応を深く見つめることと，それに対する教師の指導は関係していることがわかる。
　それでは，斎藤は子どもの何を見ることを重視していたのであろうか。斎藤は，「子どもの思考とか，とまどいとか，新しいものを発見したときの子ど

第 4 章　学びの事実をつくる

もの喜びの表情とか，つぶやきとか，美しいものとか，みにくいものとかが，そのときどきにひらめくように見えなかったらどうにもならないことである」（斎藤，1969，172）と主張している。つまり，斎藤の主張する「思考」「とまどい」「喜びの表情」とは，表面的にただ見ているだけでは判断が難しい。そうした子どもの様子を，教科内容をふまえながらも，解釈していかなければならない。また，そうした解釈とともに，斎藤は，子どもの様子が見えなければ「問題をそのときどきに的確につかみ，そのときどきに指摘したり展開させていったりすることなどはできない」（斎藤，1969，172）とまで強調している。斎藤はほかにも，教師に見る力があれば「何かつぶやいたり，かすかに表情に出したりしていた子どもを見つけたはずである。そしてハッと思ってその子に問いかけ，その子の答えによって自分のあやまりに気づき，自分の授業の方向をかえていくこともできたはずである」（斎藤，1969，173）とも述べている。つまり，「見える」とは，授業の方向を変えたり，展開したりしていくきっかけとなり，その原動力にもつながるのである。

　また斎藤は，そのときどきの子どもの発言や表情といった事実を「見ぬく力」の必要性についても述べている。

　　（前略）教師は，明確にそのときどきの事実を見ぬく力を持っていなければならない。いちいちペーパーテストをしなくても，どのくらい子どもが理解したか，どのくらいまだわからないか，などということまで，そのときどきに子どもの発言や表情で読みとることができるようになっていなければならない。ペーパーテストをすることも必要だが，いちいちペーパーテストをしなければわからないのなら，時々刻々に移り変わる子どもの思考や感情に対応しながら，そのときどきの授業を進めていくなどということはできないのである。ペーパーテストは，そういう，見ぬく力の基礎になり，また，見ぬいたものを確かめるためにあるのだと考えなければならないことである。（斎藤，1969，176-177）

第Ⅰ部　授業づくりの基盤をつくる

　このように，斎藤の言説に従えば，「見える」とは，「見ぬく力」を形成することである。また，「いちいちペーパーテストをしなくても，（中略）そのときどきに子どもの発言や表情で読みとることができるようになっていなければならない」とある。それは，ペーパーテスト頼みになると，刻々に移り変わる子どもの思考や感情に対応しながら，そのときどきの授業を進めていくことができない。だからこそ，そのときどきの発言や子どもの表情を読み取ることが求められるのである。さらに，ペーパーテストは，「見ぬく力」の基礎になるとともに，見ぬいたものを確かめるためにあるということも指摘している。

　このように，教師は刻々に進む授業過程において，そのときどきの子どもを見ぬきつつも，授業を進めていくことが求められる。また斎藤は，ペーパーテストについて述べているが，今日の文脈で考えるのであれば，数値化されたデータなどのエビデンス，アセスメントと教師自身の見ぬいた子どもの学びの事実を照らし合わせ，確かめていくことである。そうすることで，エビデンス，アセスメントを検証したり，チェックリストを改善したりすることにもつながるのではないだろうか。

　以上から，子どもたちの学びの事実を理解するためには，子どもたちの刻々の状況を「見ぬく力」が必要である。ここでは，斎藤の言説から，第一に，「見える」ということと指導との関係，第二に，「見える」ということで授業が展開すること，第三に，「見える」とは「見ぬく力」を形成することを明らかにした。

　なお，エビデンスやアセスメントの考え方を否定するものではないが，教師の教育的直観から授業をつくり変えることについても問い直す必要がある。こうしたことについて斎藤は以下のように述べている。

　　教師の教育的直観ともいえるもののなかには，具体的なものの底にある
　　真理とか法則とかをつかみとる力があるのである。そういう力があるから
　　こそ，事実を正しくみぬき，正しく事実の底にあるものをつかみとり，対

第4章　学びの事実をつくる

　　応し交流し展開するような授業を，そのときどきにつくり出していくこと
　　ができるのである。(斎藤, 1969, 178-179)

　このようにあらためて教師の教育的直観から授業をつくり変える手がかりと
して，「見える」ということを問い直す必要がある。その理由として，数値で
は表しにくい教師の教育的直観には，子どもに対応し，授業を展開させる事実
をつかみ取る力が存在するからである。もちろん，エビデンスは必要である。
ただ，具体的な子どもの事実をもとにした質的なエビデンスの考え方が求めら
れる。

## (2)「見える」ということが的確な指導を展開させる

　それでは，(1)で検討した「見える」ということと指導の関係について考え
ていきたい。その際，斎藤は「見える」ことによって指導が的確になっていく
ことを主張している。特に，「見える」ということと指導との関係において斎
藤は以下のように「見ぬく力」について述べている。

　　　見えるということは，「見ぬく力」であり，的確な指示指導のできるこ
　　とである。事実の表面に現われているものが見えるばかりでなく，その底
　　にあるものまでも見ぬく力を持ち，的確な指示指導をして，子どもたちを
　　自分の意図し計画している方向へ，もしくは自分の意図や計画以上のとこ
　　ろまで持っていく力を持っていることである。(斎藤, 1969, 181)

　斎藤によると，「見える」ということは，ただ表面に現れているものを見る
のではなく，その底にあるものまで「見ぬく力」をもち，的確な指導を行うこ
とを意味している。その際，教師は子どもがもっている力を教師の意図する方
向へ導くこと，もしくはそれ以上へと高めることが述べられている。
　こうしたことは特別支援教育にも大きな示唆を与える。特別支援教育では，

75

第Ⅰ部　授業づくりの基盤をつくる

「障害特性に応じた教育」をしないと問題が生じることがたびたび強調されている。たとえば，聴覚過敏のある自閉症児に対して，配慮もせずに他の子どもたちと同じように集団へ参加させようとしても，音への配慮なしには落ち着いて参加することはできないのではないだろうか。したがって，「障害特性に応じた教育」は必要である。けれども，「障害特性に応じた教育」ばかり実施してしまうと，第一に，障害特性をより強めてしまい，第二に，人格発達とは無関係に教育が進展する可能性がある。この点から，「障害特性に応じつつ，障害特性をこえていく教育」の必要性が指摘されている（赤木, 2009, 112-116参照）。教師は子どもたちの行動の理由や内面までをも「見ぬく力」をもつことで，的確な指導を展開していくが，特性に応じるだけではなく，「見ぬく」ことから特性をこえていく指導を構想することも必要である。

　また，斎藤は「見ぬく」ことについて，「子どもの力の強さとか弱さとかを見ぬいたり，声に出ない子どもと子どもの対応・交流を見ぬいたりして，それに合わせて的確な指導をすることができるのである」（斎藤, 1969, 183）と主張する。そのうえで例として，「合唱の指導のときなども，子どもの心のなかに生まれたものを読みとり，それと対応して指揮し指導することができるようになるのである」（斎藤, 1969, 183）と述べる。これは子どものことを「見ぬく」ことの重要性を指摘したものであるが，特に，合唱の例にもあるように，子どもの心の中に生まれたものを読み取り，授業の中に位置づけ，授業を展開させている。子どもを「見ぬく」ことを通して，授業をつくる一方の当事者として子どもたちを位置づけている。

　特別支援教育では，子どもに「折り合い」をつけるとき，子どもの具体的な姿を読み取り，指導していく必要がある。たとえば，教師の「受け止め」と自閉症の子どもの「折り合い」を描いた以下のような実践がある。

　　大吉君と自販機でジュースを買おうとしたとき，目当てのものが売り切れだった。その途端，大声で泣き出し自傷が始まった。場面を変えるため店外に連れ出し，「メロンジュースが欲しかったんだよね」と，まずは気

持ちを代弁しながらしっかりと受け止めた。その上で，代わりのジュースがあること，泣いていたらお店に入れないから落ち着いてから入ろう，と話をした。すると，大吉君は激しく泣きながらも言ったのだ…「次回！」と。自ら折り合いをつけた見事な姿だった。(佐藤, 2008, 205)

　この実践から，子どもたちの中には，「こうであるべき自分」「こうありたい自分」がある。その自分との折り合いがつけられない。教師は，子どもの思いを見ぬき，全面的に受け止め，子どもが自分で折り合いをつけられるように指導していったのである。

　このように，斎藤の「見える」ということとは，「見ぬく力」を形成し，授業を展開していくことである。具体的には，授業過程において子どもの具体的な事実を見ぬき，授業の方向を変え，授業を展開していくことで，子どもと教師によって学びの事実をつくり出していくことである。

## 3．学びの事実をつくり出す授業研究のあり方

　学びの事実をつくり出すためには，授業において「見ぬく力」を高める必要がある。以下では，そうした力を高める具体的な授業研究に学びながら，子どもと教師によって学びの事実をつくり出す授業を展開する力を鍛える方法を考察したい。

### (1) 授業中の一場面を深めることから授業を展開する力を鍛える

　ここでは，知的障害特別支援学校における授業改善を目指す授業研究会について検討する（廣内, 2017: 2019）。中学部教師全員で取り組む授業実践では，①事前研究（授業の構想），②授業の実施，③事後研究会，というサイクルを重ねながら子ども理解を深め，授業力の向上を目指していた。授業中に起こった事実から授業を振り返るために，授業時に授業者全員がデジタルカメラを持ち，

第Ⅰ部　授業づくりの基盤をつくる

子どもの姿を撮影する。放課後の事後研究会においてその写真を授業者全員で見ながらそのときの出来事について語り合うという授業研究会である（廣内，2019, 159参照）。

特に，②授業の実施では，教師は一人一台デジタルカメラを持って，授業中に撮影しながら授業を行う。③事後研究会では，授業者全員が撮影した写真を時系列にスクリーンに映してその写真の場面の話をする。授業者全員が自由に撮影した写真をめぐって，「何をしているところの写真か」「なぜその姿を撮ったのか」など，撮影した教師がエピソードとともにその子どもが活動した場面の解釈を示す。その解釈を交えて同じ場面を見ていた教師やその場面を見ていなかった教師もお互いの解釈について語り合う。そうすることで，子どもの姿を見る力や感じる力・とらえる力・解釈する力を高めていく。また子どもの姿とともに，教師の指導場面も多く撮影されている。こうした指導場面の写真から，その指導の意図についても話され，教師同士の学びが生まれる。こうした学びは教師各自の授業へと反映されていく（廣内，2019, 162-163参照）。

なお，事後研究会で語り合った内容をもとに，教師は事例を書き上げ，事例研究会が組織される。その際，事例については以下のような工夫をしている。

・事例は，「タイトル」「背景」「エピソード」「考察」で構成する。
・概要が一目でわかるような「タイトル」をつける。
・授業の様子がよみがえるような文章で「エピソード」を書き，それを補足するために「背景」を描く。
・「考察」には，「エピソード」に記述した姿をどのように解釈したか，その姿が現れた要因は何かなどを記述する。

（廣内，2019, 165）

このように，授業の中の一場面を深めることで，時間がかかるという課題はあるものの，教師は子どもの姿から意味づけや行動の背景・理由を分析し，気持ちを感じ取ることを通して，子どもとともに授業を展開する力量を形成して

いる。こうした授業研究の意義として次の3つがあげられる。

　第一に，事例をいくつも書きためていくことで，次に同じような子どもに出会ったり，同じような状況に置かれたりしたときに，事例のエピソードや考察が思い出されるようになり，教師として自分の引き出しが増えたように感じられるようになる。第二に，自分の実践を記録し，読み返し，他者に伝えるための文章にしようと省察を繰り返したからこそ，自分の引き出しが増えたように感じられるようになる。第三に，事例を多くの先生に聞いてもらうことで，「あまり考えずに子どもに働きかけていたことにも意味があったんだ」等と，教育的な価値観について学べたり，次の実践を進めるときに「あの先生ならどのようなとらえ方をされるだろう」等と，以前の事例研究で学んだことを思い出しながら実践を考えたりするようになる（廣内，2019，167-168参照）。

　以上のように，授業中の一場面を深める授業研究の方法を通して，子どもを「見ぬく力」を鍛えることができる。こうした授業研究では，子どもの行動や内面を一場面ごとに「見ぬく」ことから，行動の背景・理由を見つめ，内面を感じ取りつつ，それを状況に応じて，瞬時に授業展開へと反映させることにつながるようになるのである。

## (2) 研究授業へ向けての検討会を通して授業を展開する力を鍛える

　ここでは，特別支援学校の知的障害児部門における子どもの学ぶ姿に着目した研究授業へ向けての指導案検討会について検討する（石川県立明和特別支援学校，2024）。この学校では，研究授業へ向けて，少なくとも5回以上の指導案検討会がなされている。小学部では，「児童が深く学ぶ姿」をとらえるために，表4－1の「授業づくりのパッケージ」を活用して，指導案検討会を通して実践研究を行っている（石川県立明和特別支援学校，2024，6）。

　「授業づくりのパッケージ」において，特に，3回目の「教師の手立ての検討」と4回目の「模擬授業」は，学びの事実をつくり出すことと関係している。ここでは，「令和5年度研究授業②〈『とりかえっこ』～読んで演じよう〉授業

第Ⅰ部　授業づくりの基盤をつくる

### 表4－1　授業づくりのパッケージ

| 指導案検討の流れ | | 話し合いの視点 |
|---|---|---|
| 1回目 | 児童の実態<br>単元の目標<br>題材選び | ・学習指導要領に照らし合わせて，教科でつけたい力，単元の目標や内容が明確であるか<br>・教科でつけたい力をつけるために効果的な教材であるか<br>・児童の実態や教師の願い，年間指導計画などをふまえているか<br>・単元を通して何をねらい，児童は何を思考するのか |
| 2回目 | 学習課題と展開，<br>まとめの検討 | ・児童が教科の見方・考え方を働かせ，多様な答えが想定される学習課題であるか<br>・児童が学習課題を解決するため，どの場面で何についてどんな思考を働かせるのか，整理された展開か<br>・児童が思考したことが児童の実感や発見などを取り入れてまとめられているか |
| 3回目 | 教師の手立ての検討 | ・一人の疑問を全員の疑問として考えられるような発問，問い返しについて<br>・教師の行為（T）と学習者の行為（C）を予想（応答予想） |
| 4回目 | 模擬授業 | ・具体的な教師の発問と予想される児童の応答<br>・教材自体の吟味，提示方法等 |
| 5回目 | 授業整理会 | ・児童が授業のどこで思考し，気づき，考えを深めたか<br>・教師の手立ては適切であったか |

出典：石川県立明和特別支援学校（2024, 6）

検討の実際」（題材：さとうわきこ作，二俣英五郎絵『とりかえっこ』ポプラ社，1978
年）の3，4回目を手がかりに検討する（石川県立明和特別支援学校，2024, 11-12参照）。
　3回目の「教師の手立ての検討」では，T「ねこもとりかえっこしたのかな？」の発問
に対する以下のような応答予想を考えている（石川県立明和特別支援学校，2024, 12）。

---

C「したよ」―T「ねずみ，ぶたの時とどこが違うの？」
　　　　　　　　―C「とりかえっこしてないって」
　　　　　　　　―C「ひよこを食べようとしていたよ」
C「してないよ」―T「どうしてそう思ったの？」
　　　　　　　　―C「奪っているから」
　　　　　　　　―C「とりかえっこしようって言ってない」…

---

　こうした教師（T）の発問に対する子ども（C）の応答予想について，いち
早く注目したのは斎藤のいた島小学校の指導案である。島小学校の教師たち
によって作成された指導案には，「この時間の計画」として，「（前略）教師が，
その時間の展開の核をどうならべ，それを追求するために，どういう発問から

出発し，どう子どもと衝突し，その結果，どういう授業での結晶をつくり出すかを，一つの作戦図として書くものである」（斎藤，2006，204）とされている。その際，「予想される難関」という項目では，授業における子どもたちの「つまずき」「屈折」「問題点」などが予想して記述される。具体的には，「子どもが，こういうところで，こういうまちがいをするだろう」「こう考えてしまうだろう」などを書く。また，「子どもがこうきたら，こうぶちこもうとか，こう飛んで逃げようとか，こう反撃しようとかの，教師の対処の仕方も書いておく必要がある」のである（斎藤，2006，205参照）。

　発問には一つの答えが求められるのではなく，誤答やつまずき，対立・分化した答えが引き出され，そこから問答が組織されるという性質がある。それゆえ，発問に対する子どもたちの多様な応答を予想しておかなければならない。

　また4回目の「模擬授業」では，本時ではひよことねこのやりとりの部分を取り上げることになった。「（ねこの場面では）ひよこさんは何をしているのかな？」の発問に対して子どもから発言が出なかった場合の応答予想について考える。なお，このページは，ひよこが「うーわんわん」とねこに言う場面であった。以下は模擬授業のベタ記録である（石川県立明和特別支援学校，2024，12）。

---

・T「この場面を演じてみよう」…児童が動作化し，声の大きさや応戦している様子を読み取る
・T「ねこさんどんな顔をしている？」…猫の顔を拡大して提示する
・3ページ目に進み，その結果を読み取ってから2ページ目の「わん」がどんな「わん」なのか考えさせる
・いぬとひよこのとりかえっこのやりとりとの違いを比べる…合意か，一方的か，その理由を読み取る

---

　こうした模擬授業は，授業研究の歴史の中では授業シミュレーションの考え方に相当する。授業シミュレーションとは，教育実習がよく活用しているように，「事前に教師と生徒役に分かれて，模擬授業を行うのだが，そこでは実習生の実践力が主眼になっているのに対して，学校現場の教師が授業シミュレー

ションを行うと，生徒理解の共有化が促進されることになる」（深澤，2004, 55）。ここでは「生徒理解の共有化が促進される」ことが記載されているが，「具体的な子どもの固有名詞に関わっての情報交換」（深澤，2004, 55）の事例も報告されている。

こうした「T−C」の応答予想に加え，固有名詞の子どもに関わって，模擬授業をしていくことで，より子どもの実態に基づいた応答予想がなされることになる。しかしながら，授業は固有名詞の子どもに関わった応答予想をしていたとしても，指導案どおりにいかないことが多い。斎藤は，「（前略）授業は計画どおりにいかないことがあるから，その場合は，展開の現実にしたがって，計画を自由自在に変化させるわけである。頭のなかに確実にはいっている展開図をもとにしながら，とっさに新しい展開図をつくり出し，授業展開を変更していくわけである」（斎藤，2006, 206）と述べている。むしろ大切なのは，あらかじめ決められた，誤解された「よい」とされる学びに向けて授業を展開するのではなく，子どもの行動の背景・理由を分析し，内面をとらえるために，子どもの固有名詞のレベルまで応答予想することで，子どもとともに授業の方向を変え，展開していくような学びの事実をつくり出すことである。

以上から，学びの事実をつくるとは，あらかじめ決められた「よい」とされる学びをただ目指すのではなく，刻々と進む授業過程において子どもとともに学びの事実をつくり出すことである。そこでは，数値に基づいたデータにこそエビデンスがあるととらえて子どもを見るということ以外に，刻々の授業過程を読み取る力としての「見える」＝「見ぬく力」を形成することで，子どもとともに授業の方向を変え，授業を展開していくことが求められた。その際，「見ぬく力」を鍛えるためにも，今日の授業研究の取り組みが手がかりになることが明らかになった。

第4章　学びの事実をつくる

［文献］

・赤木和重（2009）「障害特性に応じつつ，障害特性をこえていく教育へ──自閉症理解と教育実践」．赤木和重・佐藤比呂二『ホントのねがいをつかむ──自閉症児を育む教育実践』全国障害者問題研究会出版部，85-126.

・新井英靖（2013）「子どもの内面を育てよう──総説」．湯浅恭正・新井英靖・吉田茂孝編著『特別支援教育のための子ども理解と授業づくり──豊かな授業を創造するための50の視点』ミネルヴァ書房，34-37.

・石川県立明和特別支援学校（2024）『令和5年度 研究紀要（研究紀要第12集）』．

・奥住秀之（2011）「アセスメントによる子ども理解の意義と課題」．『障害者問題研究』第39巻第2号，90-97.

・熊井将太（2021）「エビデンス時代における教師の教育実践研究」．湯浅恭正・福田敦志編著『子どもとつくる教育方法の展開』ミネルヴァ書房，200-213.

・斎藤喜博（1969）『教育学のすすめ』筑摩書房．

・斎藤喜博（2006）『授業の展開（新装版）』国土社．

・佐藤比呂二（2008）「自閉症児と授業づくり」．『障害者問題研究』第36巻第3号，203-208.

・佐藤眞弓・新井英靖（2021）「斎藤喜博の学習集団に関する研究──『劣生』への対応を中心に」．『茨城大学教育学部紀要（教育科学）』第70巻，289-305.

・白石陽一（1989）「教育的タクトの問題史」．吉本均編著『授業展開のタクトをとる』明治図書出版，137-150.

・高橋浩平（2013）「授業を評価する視点を持とう」．湯浅恭正・新井英靖・吉田茂孝編著『特別支援教育のための子ども理解と授業づくり──豊かな授業を創造するための50の視点』ミネルヴァ書房，140-141.

・廣内絵美（2017）「事例研究会による授業改善の仕組みづくり」．障害児の教授学研究会編『エピソードから読み解く特別支援教育の実践──子ども理解と授業づくりのエッセンス』福村出版，188-193.

・廣内絵美（2019）「授業研究を通した対話づくり」．障害児の教授学研究会編『アクティブ・ラーニング時代の実践をひらく「障害児の教授学」』福村出版，158-169.

・深澤広明（2004）「授業シミュレーションによる共同性の追求」．『学校運営研究』第561号，54-55.

・丸山啓史（2016）『私たちと発達保障──実践，生活，学びのために』全国障害者問題研究会出版部．

・丸山啓史（2018）「おおらかな世界をつくる──今日の特別支援教育に抗して」．『人間と

第Ⅰ部　授業づくりの基盤をつくる

　教育』第100号，64-71.

・宮坂義彦（1974）「『見える』ということの研究Ⅰ」．斎藤喜博・柴田義松・稲垣忠彦編『教授学研究4』国土社，96-128.

第Ⅱ部

# 子どもの学びをつくる授業の創造

## 第5章

# 学ぶことは生活をつくること

堤 英俊

【要旨】

　戦後の障害児教育，とりわけ知的障害教育の歴史の中で長く主流をなしてきた，日常生活の指導，遊びの指導，生活単元学習，作業学習といった「各教科等を合わせた指導」の理念や方法は，現在，時代の移り変わりとともに，過渡期を迎えている。この章では，そうした教育活動の基盤に置かれてきた生活教育論についてひも解きながら，現代の特別支援学校教育における生活教育の課題と可能性について再検討することを目的とする。

## 1. ある特別支援学校教師の語りから

　大学が夏季休暇に入ったある日のこと，ゼミの卒業生のAさんが久しぶりに研究室を訪ねてきた。Aさんは，卒業後，正規の特別支援学校教師として4年間を過ごし，その間，肢体不自由と知的障害を重複する子どもたちとの関わりにどっぷり浸る日々を送ってきた。

　ひとしきりゼミの思い出について懐かしく語り合った後，話題は仕事の近況へと移っていった。その際に，Aさんが口にしたのが次のようなことである。

筆者　：学生時代と今とで，何か考え方で変わったこととかあるかな？

Aさん：私は，働き始めて，生活ってすごい大事なんだなって思うようになりました。私はもともとその子たちが勉強で何かができるようになるために学校ってあるって思ってたけど，特支（特別支援学校）で働いていく中

第5章　学ぶことは生活をつくること

で，この子たちはここで生活っていうか，もちろん学びもしてるけど，生きていくためのいろんなものを身につけられるようにここに来てる，来たいって思ってくれてるのかなって思うようになったから。

顔と顔を突き合わせての1対1の授業

　Aさんは，現場に身を置いたことで，特別支援学校という場が，きわめてリアルな親密性のある空間であり，そこでの共同生活を通して個々の子どもに生活していくための力を育んでいくこと，すなわち生活教育こそが特別支援学校教育の本質であるということに気づかされたと熱っぽく語った。

　ただし，2017〜2019年の特別支援学校学習指導要領の改訂において，インクルーシブ教育システムの構築を推進する観点から，特別支援学校での学習と通常学校での学習に一貫性をもたせるために，各教科の目標および内容の示し方や表現が統一され，そのことは，結果として，Aさんが本質や魅力を見出した特別支援学校教育における生活教育に暗雲をもたらすことになった。すなわち，この改訂において，特別支援学校教育（知的障害教育）独自の指導形態である「各教科等を合わせた指導」に関して各教科等の内容間の関連を十分に図ることなどが明記されたことによって，生活教育を代表する教育活動である生活単元学習や作業学習などの学習活動の再編が，トップダウンの形で，否応なく進められることになったのである。

　こうした変化についてはAさんも口にしていて，「今の校長が，めちゃくちゃ学習指導要領に則りなさいって言う人で，生単（生活単元学習）とか『合わせた指導』はなしにして，全部『教科別』でやりなさいってことになっているけど，でも本当は生単じゃないと無理だよねって仲のいい（同僚の）先生と話してて」とし，「教科別の指導」と生活教育の重ね方について悩みを抱えていることを吐露した。一方で，以前から生活教育に疑問を感じていた教師やそ

もそも生活単元学習を実践したことのない新参の教師については，系統主義的な「教科別の指導」中心へとスパッと頭を切り換え，もはや生活教育の理念や方法を過去のものとして取り扱っているという。

　位置づけが下がったからといって，現行の特別支援学校学習指導要領において生活教育に関する記述がまったくなくなってしまったというわけではない。実際，生活教育の再編具合については地域差や学校差が大きくあり，たとえ時間割等を教科別に変更したとしても，内実の部分では，従来どおりの生活教育中心を崩さずに実践を続けているような学校も存在する。つまり，生活教育の炎は消されていないし，実際に消えてもいない。しかしながら，全般的な傾向でいえば，生活教育の実践が細く弱いものになってきていることは確かなことである。

　こうした現状をふまえ，この期に，今一度，生活教育について丁寧に考えておきたいというのが本章のねらいである。確かに，生活教育が，知的障害のある子どもが自らの頭を使って思考すること，学習することを棚上げにした身体訓練主義や，「やって終わり」「行って終わり」の活動主義・体験主義に陥りやすかったことは事実であり，教育倫理的な観点から，今回の改革が積極的な面を有していることは理解できる（森，2014）。しかし，まだまだＡさんのように目の前の子どもの学びを保障する観点から生活教育に本質や魅力を見出している教師もいる中で，大きな力が上から働いての外発的縮小もまた，甚だ残念に思えてならない。

　したがって，この章では，特別支援学校教育における生活教育の中身について検討するために，その始点にあたる戦後初期（1963年通達）の「養護学校学習指導要領 精神薄弱教育編」の策定時のキーマンであった三木安正の生活教育論をひも解き，彼の論を手がかりにしながら，現代の特別支援学校教育における生活教育の課題と可能性について再検討することにしたい。

## 2. 三木安正における知的障害のある子どもの生活教育論

　三木安正（1911-1984）は，教育心理学者として，戦前は，幼児教育・保育の科学化と障害幼児の研究・実践，戦後は，知的障害教育の制度・方法の確立に大きく寄与した人物である。愛育研究所所員や文部省教育研修所所員，文部省視学官，東京大学教授，全日本特殊教育研究連盟理事長，旭出養護学校校長，大泉旭出学園理事長などを歴任し，戦後初期の特殊教育振興の時期に，オピニオン・リーダーを担った。

　三木は空理空論を好まず，帰納的な思考法をしていたとされる。三木は，自ら創設に携わった実践の現場，すなわち愛育研究所異常児保育室，白金幼稚園，大崎中学校分教場，旭出養護学校といった現場での経験を足場にしながら，自らの教育思想を練り上げた。

　こうした三木が構築し，日本の特別支援学校教育（知的障害教育）に多大な影響を与えたのが，知的障害のある子どもの生活教育論である。以下，その論を概観しておきたい。

　まず，三木において知的障害のある子どもの教育の目標は，「生活の自立」という言葉で説明され，それは，「自分のもっている力が十分発達させられ，その力を発揮できる仕事があり，その仕事に対する社会の評価が適切になされていった結果，自分の生涯の目標をはっきりもつことができ，その目標に向かって努力していると自覚できること」であるとされる（三木, 1976, 109）。生活の自立とは単なる職業的自立のことではなく，三木は，「それぞれの能力相応に生活の場を獲得し，何らかの目標を持った生活の軌道に乗れば，たとえ経済的にはどこからかの援助を要しても，生活の自立は達せられたと認めなければならない」と述べる（三木, 1969, 30）。つまり，生活の自立を目標にする教育活動で目指されるのは，知的障害のある子どもが，それぞれが将来進むと想定される社会的生活の場において，何らかの目標をもった生活の軌道に乗ること，そうした生き方をすることであるといえる。

第Ⅱ部　子どもの学びをつくる授業の創造

　そもそも，三木の考える理想の社会とは，「各個人がその能力を充分に発揮することが出来るとともに，それぞれの特徴をもった人間が，それぞれの分野の務めを果すことに協力し，社会がよりよい社会に進展して行くような態勢をもった社会」というものであり，それは多様性が公正に認められる社会である（三木, 1976, 19-20）。しかしながら，三木はこうした社会の到来は，現実からはほど遠い夢の世界の話だとして，さしあたりの現実的な目標として，知的障害のある子どもの特性に立脚した「特殊な教育」を通して彼（女）らの社会的適応性を高め，「社会のどこかに座席を得させる」ことに論の焦点を定めていく（三木, 1969, 530）。

　こうした文脈から，三木が，知的障害のある子どもの社会的適応性を高めるために適当であるとした教育方法が，生活単元学習や作業学習といった合科・統合的な学習である。知的障害を，脳機能の欠損と生育環境の相互作用の結果としてとらえる三木は，その障害特性を「精神的機能の未分化性ということでとらえれば，その教育は最もインテグレートした形で与えられなければならない」と主張する（三木, 1969, 581）。このスタイルの学習では，先に述べたような，生活の自立を念頭に置きつつ，知的障害のある個々の子どもに，実用的な日常生活における課題解決の力，すなわち社会生活能力を養うことが目指される。

　三木は，知的障害のある子どもの恒久的な知能の遅滞を理由に，一般教養に連なる系統主義的な教科教育を行うことには厳しく批判的な姿勢を示す（三木, 1969）。このような姿勢から，三木は，しばしば「生活か教科か」という二項対立の枠組みの中で一面的に解釈され，「教科否定派」の人物というラベルを貼られてきた。しかし，実際には，そもそも三木が展開していたのは，生活の自立につながらない系統主義的な教科教育を採用することへの批判であり，生活の自立につながる実用主義的な教科教育（当時の言葉で「精薄教科」）を採用すべきという主張であった（三木, 1969）。

　合科・統合的な学習といっても，ジョン・デューイに影響を受けた通常教育でいう経験主義のカリキュラムと知的障害のある子どもを対象にした生活

主義のカリキュラムとでは原理が異なると三木は主張する（三木，1969）。通常教育の「経験カリキュラムは経験を重視しているが，教育内容は単なる経験的なものではなく，高度の抽象的思考を要する教科的なものの理解，習得をねらっている」のであり，知的障害のある子どもの場合には，三木においては，活動の中で思考するということには限界があると理解される（三木，1976，128）。したがって，三木は，経験主義のカリキュラムと実践の見た目は似通っているものの，知的障害のある子どもの合科・統合的な学習の場合には，「活動が，彼の生活自体にとけ込んでいくことによって，彼の生活を規制していく」という質的に異なった学習のプロセスがとられるべきであると主張する（三木，1969，586）。このような学習に，三木は「行動的理解」という言葉を充てる。

子どもの行動的理解を促進しようとする合科・統合的な教育活動の典型が，作業学習である。作業学習では，知的障害者に想定される将来の職業・作業として手や体を動かして行う作業が選択され，半年や1年といった比較的長い時間をかけて，同じ作業種で繰り返しの指導がなされる。反復による作業の習練，つまりは反復による行動的理解である（三木，1969）。知的障害のある子どもに「自分の力を知り，自分のなすべきことを自覚させていくには，同一の仕事を，相当期間継続してくり返していくとともに，その仕事の意義が次第に理解されていく」必要があると主張される（三木，1969，599-600）。三木は，このような自覚を「生産人としての自覚」という言葉で表現し，それによって，手や体を使った生産的な仕事への責任感や積極性が生じてくると説明する。

ただし，作業学習をはじめとする行動的理解を促進しようとする教育活動は，教師主導の他律的指導に陥りやすい。そのため，三木は，そうした教育活動は，「行動の意味を理解し有意的・自律的行動に進展すること」を期待したものでなければならないと注意を喚起する（三木，1969，619-620）。

知的障害のある子どもは，生活を通して，生活そのもので学ぶ，とする三木の生活教育論において，「生活に根ざす」という視点は，非常に重要な位置を

占め，学習活動において，「彼らの遊びの世界ないしは生活の世界と隔絶」している ような学習課題の設定は避けられる必要があるとされる（三木，1969，75）。

　ここまで，教師が子どもにいかに働きかけるか，活動をつくるかということを中心に三木の論を取り上げてきたが，実は，三木がカリキュラムや教育方法のあり方以上に実践の重点を置くのは，生活教育の基盤となる教育的集団社会づくりである。三木はその実践を，生活教育の真髄として自身の論の中核に位置づける。

　三木は，「人がその行動領域を広げ，経験を積み重ねて，その生活に目標を持ち，目標達成のために努力をするようになるためには，彼がよって立つ社会的地盤というものを必要とする」と述べる（三木，1969，450）。そして，特殊学級や養護学校（現在でいう特別支援学級や特別支援学校）が知的障害のある子どもたちの社会的地盤になるという。そこは，「普通児とは一緒に行動できないが，彼らの仲間同士であれば"自分たちのグループ"を作ることのできる者」たちのための「特別に保護された小社会」であるという（三木，1969，447）。その場は，教師によって設定され調整される場ではあるが，何よりもまず，知的障害のある子どもたちが自分たちの意図をもって展開する社会でなければならないとされる。そうした身の丈に合った集団社会であれば，知的障害のある子どもたちも「自他の関係を認識し，その集団の中で自分の占めるべき位置を見つけ出し，何らかの役割を演ずることができる」と主張される（三木，1969，541）。

　こうした集団社会的な教育の場では，教師には，「学級としてのまとまり」と「学級を編成するものの人間関係」を調整する役割が求められ，子どもたちの「集団生活の機能を十分発揮させるようにすることが，その基本的な任務」とされる（三木，1969，541）。

　教育的集団社会は，先に述べたような，子どもの行動的理解を促すために行われる教師主導の他律的指導の抑圧性を緩和するという効用を有している。教師による他律的指導が，自律化・主体化を促進するような雰囲気の学級・学校の中で行われるか否かによって，実践の意味合いが相当に異なってくると考えられる。逆に自律化・主体化を促進するような集団社会が基盤となっていなけ

れば，他律的指導が緩和されることはなく，教師－子どもの抑圧－被抑圧の関係性は固定化されてしまうことになる。他律から自律へ，客体から主体への移行を促進する機能として，学級・学校の集団社会のあり方が厳密に問われるのである。

さらに教育的集団社会は，自然な形で「生産人」を目指す進路へと知的障害のある子どもを誘導する効用をも有している。集団社会的な知的障害教育の場では，人生のモデルとなるような同質な仲間との出会いや相互交渉が成立する可能性が高い。こうした効用は，教師が，進路選択に関する葛藤含みの他律的指導を回避できるという付加的な効用をも生み出す。集団社会としての知的障害教育の場は，手仕事や体仕事を生業とする「生産人」を他律的に育てるという方向性と自律化を促進するという方向性とを可能な限り矛盾なく調和させ，本人のモチベーションを「生産人としての自覚」「生活の自立」に一本化させる機能を有する生活共同体的空間として構想されているのである。これは，葛藤やジレンマを前提としたうえで，社会的適応と主体形成をうまく調和させるための工夫であると考えられる。

## 3．現代の特別支援学校における生活教育の課題と可能性

ここまで三木の生活教育論について概観してきたが，それと現代の特別支援学校教育のありようを照らし合わせると，いくつかの重要な論点が浮かび上がってくる。具体的には，「『教科別の指導』についてどう考えるか」「『行動的理解の促進』についてどう考えるか」「『生活教育の基盤となる教育的集団社会づくり』についてどう考えるか」の3点である。以下，それぞれについて考察していきたい。

### (1)「教科別の指導」についてどう考えるか

すでに見てきたとおり，三木は，知的障害のある子どもに対しては，教科別

の系統主義的教育は適当ではなく，合科・統合による実用主義的教育が適当であると主張していた。つまり，未分化な生活そのものを教育内容として設定し，生活年齢に応じた生活能力を育むことを念頭に，教科に切り分けられない指導として展開する方向性を示していた。こうした指導は，現代の特別支援学校教育においても，日常生活の指導，遊びの指導，生活単元学習，作業学習といった「各教科等を合わせた指導」として明確に位置づけられているし，その理念や方法は，知的障害教育の歴史の中で，長く主流をなしてきたものである。

　しかし，本章の冒頭で述べたように，2017〜2019年の特別支援学校学習指導要領の改訂を経て，現在の特別支援学校の現場では，各都道府県の教育委員会の指導のもと，これまで「各教科等を合わせた指導」を中心に編成していた教育課程を可能な限り転換し，「教科別の指導」中心の教育課程へと編成し直すことが強く求められてきている。「各教科等を合わせた指導」は，「特に必要があるときに」という特例の位置に下げられ，もはや生活教育は特別支援学校教育の主流の位置から外れてしまったといっても過言ではない。ただ，これでは，知的障害のある子どもの学びの保障を棚上げにした戦前期の系統主義的な教科教育中心の知的障害教育（＝水増し教育）への退行になってしまいかねず，残念なことに，現場レベルではすでにそうした実践が散見されるようにもなってきている。

　三木の教育思想を継承して，特別支援学校教育における生活教育の伝統を守ることを主張する全日本特別支援教育研究連盟理事長の名古屋（2022）は，国のインクルーシブ教育システム構築の努力を止めることはできないとして「教科別の指導」中心の教育課程への転換を受け入れつつも，「教科別の指導」の枠組みの中で系統主義的教育ではなく実用主義的な生活教育の理念と方法を展開していく方向性を提起している。具体的には，小出（2010）における教育課程の二重構造性論を参照しながら，「看板は教科，その実は生活」，すなわち「教育課程の枠組み上では教科で設定し，内容をつくる際に，生活の自立に必要な内容に再構成する」という二段階の思考法を意図的に用いて実践を計画し，実質的な部分で実用主義的な「教科別の指導」をつくっていくという方向

性を提起している。

　しかし，管理職を含め，生活教育に馴染みをもちその実践に魅力と本質を見出している教師ばかりの集団であればあまり問題にならないのかもしれないが，そうでなければ，二段階の思考法での実践計画は複雑で難解な作業であることは否めず，「生活教育にこだわる」ことへの教師間の合意形成，特別支援教育観のすり合わせが不可欠であるといわざるをえない。名古屋（2022）自身が指摘しているとおり，通常教育の常識に即して，教育内容の組織様式・分類様式に沿って指導を進めるほうがスムーズであることは間違いない。外面と内実にズレがある場合もあるものの，系統主義のほうへと舵を切る特別支援学校は確実に増えてきていて，教師たちは，エクセルなどの表に系統的・段階的に整理されたドロップダウンリスト（プルダウン）に基づいて，システマティックに教育目標と方法を選択するようになってきている。

　いずれにしても，このように考えると，今回の学習指導要領改訂に際しての具体的な論点は，もはや「各教科等を合わせた指導」の是非にはなく，通常教育の常識に即して系統主義的な「教科別の指導」を展開するのか，生活教育の伝統を守って実用主義的な「教科別の指導」を展開するのかという点にあることが見えてくる。むしろ，現状からすれば，今や主流をなす系統主義的な「教科別の指導」にどのように実用主義の視点，生活の視点を混ぜ入れて展開していくのかということを論点としていくほうが現場の実状や課題に即した議論になるのかもしれない。

　湯浅（2006）が指摘するとおり，制度に沿った実践に規定されていることに何の疑問も抱かずに，それに沿って教育方法を工夫・改善するというのが，日本の教育実践に見られる伝統的な弱点であるといえ，目の前の個別具体的な子どもの学びの保障の観点から，実践者である教師一人ひとりが自らの頭を使い，系統主義一辺倒にならずに，その子にとっての本当に最適な教育を模索するという姿勢が大切なのではないだろうか。そうしたときに，実用主義的な生活教育の理念や方法は，特別支援学校教育のオルタナティブとして，今後も重要な意味をもってくるのではないかと考えられる。そもそも，系統主義的教育

第Ⅱ部　子どもの学びをつくる授業の創造

は，生活経験と教科学習とが分離しやすいという弱みを有しているからである。

## (2)「行動的理解の促進」についてどう考えるか

　ただし，社会生活能力や適応機能の改善・向上を強調しがちな実用主義的な生活教育における教師の主導性の強さと子どもの客体化に対して，子どもの人権や教育倫理の観点から批判の声が上げられてきたことについて目を伏せることはできない。実際，生活教育においてしばしばとられてきた指導方法である行動の反復による「行動的理解の促進」は知的障害のある子どもの思考能力や認識能力を棚上げにした方法であり，すでに三木の論を概観する中で述べたとおり，教師主導での他律的な訓練的指導，いわば強制力の強いスパルタ指導に陥りやすいという特徴をもっていた。森（2014）が指摘するように，そうした働きかけは子どもの身体への行動様式の刻印付けであり，知的障害のある子どもを客体化，無力化する働きかけになりやすい。

　実際，生活教育に取り組む特別支援学校に足を運ぶと，教師主導で子どもの行動的理解を促進する訓練的指導が展開されている場面を目にすることはめずらしくない。いずれの学校でも，当該の子どもの「将来の生活のため」「実生活のため」として行われていて，当たり前の光景となっている。

　たとえば，ある知的障害特別支援学校の高等部の作業学習を見学させていただいたときのこと，ある生徒に対して，カードに絵で描かれているとおりにひもにビーズを通すという作業に黙々・延々と取り組むことが課せられていた。教師はその生徒の背中側から取り組みの状況を静かにじっと見守り，当の生徒の手が止まったり，集中が切れたりすると，すかさず注意の声を投げていた。所定の作業が終了すると生徒から教師に「できました」という定型句が伝えられ，それを受けた教師は，見守り時とは打って変わって，その生徒のことを「すばらしい，よくできました」と意図して大仰な形で褒め称えていた。

　こうした「行動的理解の促進」や訓練的指導には，実用主義的な生活教育の

96

第5章　学ぶことは生活をつくること

見地からだけでなく，心理学的な見地からのお墨付きがあり，そうした専門家からの進言や助言は特別支援学校の現場において非常に強い力，いわば権威をもっている。教育倫理的な観点からの批判は真っ当であるが，それだけではなかなか現場の変容にはつながらないというのが実状である。

そして，実は，「行動的理解の促進」は，生活教育から系統主義的な「教科別の指導」へと主流が移った今でも，多くの特別支援学校の現場で，たとえば，国語科，算数（数学）科，職業科などの指導の中で多用されている。つまり，それは，生活教育発という歴史的文脈を超えて，今や特別支援学校の学校文化として定着しているのである。

しかし，2017〜2019年の学習指導要領の改訂においては，「主体的・対話的で深い学び」の視点からの授業改善が通常学校か特別支援学校かにかかわらず強く打ち出されている。この観点からすれば，特別支援学校教育における行動の反復を通しての「行動的理解の促進」の多用は，学習指導要領が示している方向性と大きく矛盾している。もう少し現行の学習指導要領で推進されている文字どおりの「主体的・対話的で深い学び」にこだわる方向で，知的障害のある子どもの特別支援学校教育の質をずらすことはできないものだろうか。

ずらしの方向性として，さしあたり，以下の二つについて提案したい。

一つ目は，行動の反復という作業を「身体の修練」としてとらえ直す方向性である。参考になるのは，型の模倣や反復を基本とする稽古論で，西平（2019）は，型の模倣や反復の究極の目的は，型の意味を自らにとって「善いもの」として身体全体で納得していきながら，その型を自らの主体的な動きにしていくことにあると指摘する。稽古が進むと，考えなくても，身体が自然に動くようになる。しかしそれは自動運動とは異なり，状況を頭で判断するのではなく，状況の中にいる身体が，その時その場に最もふさわしく，周囲と響き合うのだという。

こうした「身体の修練」という稽古論的発想をもって，作業学習（職業科）などでの知的障害のある子どもの行動の反復をとらえ直し，教師の働きかけ方の質を変えていくと，「行動的理解の促進」の先に子どもの主体化を見出して

いくことができるように考えられる。もちろん，こうした稽古論的な行動的理解を促進する教育実践を行うにあたっては，働きかけを行う教師たち自身が「身体の修練」に関する実感・体感を有していることが前提となることはいうまでもない。

　しかし，特別支援学校で働くすべての教師に，武道・芸道などの「身体の修練」に親しみ，東洋思想に根ざす稽古論的発想を体得することを求めるというのはいささか現実離れした要求であるように思われる。稽古論に関する体験型の研修を教師たちに義務的に強いることで達成できるとも思えない。とはいえ，行動の反復による指導をやめる／やめないとか，目に見える実践方法を変更するばかりが改革ではないこと，発想の転換という改革の方法もあること，そして生活教育をとらえ直すにあたって稽古論というオルタナティブな発想があることなどを認識しておくことは，一面的な「行動的理解」批判，生活教育批判をかわしたり，対抗したりしようとする際に，助力となることであろう。

　二つ目は，「行動的理解の促進」による実用主義的な生活教育（＝生活単元学習や作業学習）をいったん棚上げにして（その方法に固執せず），デューイ的・経験主義的な生活教育，すなわち子ども自身が自らの生活世界を振り返りそれを異化して広げていくような合科・統合的な生活教育（＝総合的学習）を，実践方法を工夫することによって開発してみることである。三木が，知的障害のある子どもには，本人の思考能力や認識能力を媒介にした主体的行動を尊重するような経験主義的な生活教育は適さないと主張していたように，これまで反省的思考を必要とするような生活教育（総合的学習）は，1980年代前半の八王子養護学校（小島・小福田, 1985）や1990年代後半以降の旭出養護学校（現在の旭出学園〈特別支援学校〉）（旭出養護学校, 2004）などでの稀有な取り組みを除けば，多くの特別支援学校で展開されてこなかった。

　一つのやり方の工夫として，森（2014, 145）が提案する，知的障害のある子どもの生活世界をふまえた経験主義的な教育の「『わかること』」の文脈依存性の視点を媒介にして，子どもたちが未だ意識化できてない知を，日常的に慣れ親しんだストーリー性のある協働的活動のなかで浮上・構成する文脈に支えら

第5章　学ぶことは生活をつくること

れて発見する」という方法が考えられる。子どもの生活世界の文脈と学習の文脈を，対話のプロセスを通して丁寧に重ね合わせていくのである。

　もう一つのやり方の工夫として，生活世界を異化する方法を多様化するという方法が考えられる。経験主義的な生活教育の代表的実践としてしばしば生活綴方教育があげられるが，そこでは，生活を異化する方法として文字を綴るという方法が採用されていた。その方法の幅を広げ，知的障害のある子どもの教育の場合には，自らの日常生活のある特定の場面について，カメラのシャッターを切る，絵で表現する，マカトンシンボル（絵文字のような線画）やドロップス等のシンボル言語を使って構文化するなど，多様な手段で行うのである。

　実際，旭出養護学校では，自らの毎日の学校という場にとどまらない生活全体を見つめて発見したことを自身の「見つけた考えたノート」に文字，絵，写真，マカトンシンボルなど，それぞれの方法で表現し，週1回，そのノートの内容について教師と共同で同級生たちの前で発表するという活動を行ってきている（旭出養護学校. 2004）。草花，樹木，実，果実，野菜，虫，天体，気象，空気の泡，静電気，磁石，水と油，光の反射など，さまざまな内容が扱われ，発表では，ノートとともに実物が持ち込まれることも多く，「食べる」「触れる」「嗅ぐ」などの五感を使いながら，共同で探究を深めていく。知的障害のある子どもの場合でも，さまざま模索していけば，行動的理解以外の，経験主義的な生活教育（総合的学習）を展開できる可能性があるとはいえないだろうか。

　そもそも，教育課程上，以前から特別支援学校においても「総合的な学習の時間」の設定が可能であったのだが，中西（2021）が指摘するように，本来は目標が異なるはずの「総合的な学習の時間」の実践と生活単元学習の実践が似通って見えてしまうことや，生活単元学習を重視してきたこれまでの教育課程の影響もあって，「総合的な学習の時間」の実践が深まってこなかったという歴史的文脈がある。今回の学習指導要領の改訂によって，生活単元学習が大きく見直されている今だからこそ，「総合的な学習の時間」の意義を再検討し，特別支援学校教育における「総合的な学習の時間」の実践を創り上げ深めていくことができるように考えられる。

第Ⅱ部　子どもの学びをつくる授業の創造

## (3)「生活教育の基盤となる教育的集団社会づくり」についてどう考えるか

　三木の生活教育論では，特別支援学校という場は，同質な心性の仲間たちと過ごす中で，社会性を育み対人関係を学ぶ「小社会」として位置づけられ，それをつくることが生活教育の基盤であり，真髄でもあるとされていた。すなわち，三木は，社会生活能力や適応機能の改善・向上に向けて，「社会的生活訓練の場をこしらえる（環境・関係性の整備）」を生活教育の実践の基盤に据えることを主張していた。それは，イメージとしては，当事者同士の自助グループに近い集団である。また，「集団社会」における自治的な活動を通しての子ども個々の成長も期待されていた。

　社会化の環境整備，すなわち，「場をつくる（環境・関係性の調整）」に教育実践の重心を置いたほうが，教師個人による特定の意図的伝達行為や支援方法の精緻化・厳密化に重心を置くよりも，子ども相互の関わりが促されて，主体的な学びが無理なく喚起されやすいという考え方がある（田中，2003）。こうした考え方は，幼児教育の現場では当たり前に用いられてきたのだが，近年，進路多様校といわれるような高校やフリースクールにおける教育実践においても参照されてきている（酒井，2007）。

　教育課程上で，生活教育から系統主義的な「教科別の指導」へと主流が移っていく中でも，生活教育の真髄とされる教育的集団社会づくりの発想と実践については，子どもの自律化・主体化の観点から，今後も大切に継承されていくべきではないだろうか。特別支援学校が「共に集団社会生活をおくる場」として正当に位置づけられることによって，子どもたちは特別支援学校における自らの生活のあり方を問い直し，教師や仲間の支えのもとで，自らの生活・生存のコンテクストを自らの手で変えたりつくり出したりする能動的なアクションに打って出ることができる。また，ふだんは「教える－教えられる」の非対称な関係性に陥りがちな教師と子どもが，「共に集団社会生活を送る場」「共に生活をつくり出す場」として特別支援学校をとらえ直すことによって，共同で生活する仲間や同志としての関係性をもつことができる。

第5章　学ぶことは生活をつくること

　系統主義的な「教科別の指導」の実践と「生活教育の基盤となる教育的集団
社会づくり」の実践は特別支援学校教育の中で並存可能であり，教育的集団社
会づくりは，子どもの生活経験と教科学習を結びつけようとする限りにおい
て，系統主義的な「教科別の指導」の基盤にもなりえると考えられる。両者の
実践が十分に連動するのであれば，現行の特別支援学校学習指導要領のもとで
も，「学ぶことは生活をつくること」を念頭に置いた特別支援学校教育を実践
することができるのではないだろうか。

## 4．学ぶことは生活をつくること

　最後に，冒頭で取り上げた特別支援学校教師のAさんの話に戻ろう。Aさん
は，生活教育に特別支援学校教育の本質と魅力を見出しつつも，時代の変化の
中で，系統主義の「教科別の指導」と生活教育との重ね方に頭を悩ませていた。
　Aさんのような教師には，本章で考察してきた，①二段階の思考法を意図的
に用いて，系統主義の「教科別の指導」の実践の中に実用主義の視点，生活の
視点を混ぜ入れてみること，②稽古論的発想から特別支援学校で多用されて
いる「行動的指導」実践をとらえ直してみること，③知的障害のある子どもた
ちを対象にしたデューイ的・経験主義的な「総合的な学習の時間」の実践を開
発してみること，そして，④教育的集団社会づくりに自身の教育実践の重心を
置いて取り組んでみることの四つを提案したい。現在の特別支援学校において
も，工夫次第で，「学ぶことは生活をつくること」という生活教育を展開する
余地はまだまだ残されているように考えられる。
　教育学者である佐藤学（2009, 91）が，現職の教師たちに対して，「あれこれ
の改革に振り回されず，粛々と教師の仕事を丁寧にまっとうすること」と「あ
れこれの『言葉』に振り回されず，教師としての仕事を的確に表現できる『自
分の言葉』を実践によってつむぎだすこと」を進言しているが，まずもって，
Aさんのような教育の本質を探究しようとする，すなわち自らの特別支援学校
という職場での生活を主体的につくり出そうとする教師を減らさない，つぶさ

第Ⅱ部　子どもの学びをつくる授業の創造

ないことが特別支援学校教育の未来を拓くことにつながるのかもしれない。

[付記]

　本章第2節では，堤英俊（2015）「知的障害教育の場の『集団社会』的機能に関する論理構成——三木安正の精神薄弱教育論を手がかりに」．『都留文科大学研究紀要』第82集，29-50の一部に加筆修正を加えて使用している。

[文献]

・旭出養護学校編（2004）『教育実践報告集』旭出学園．
・小出進（2010）『生活中心教育の理念と方法』K&H．
・小島靖子・小福田史男編著（1985）『ものづくりとヒロシマの授業——八王子養護学校の実践』太郎次郎社．
・酒井朗編著（2007）『進学支援の教育臨床社会学——商業高校におけるアクションリサーチ』勁草書房．
・佐藤学（2009）『教師花伝書——専門家として成長するために』小学館．
・田中智志（2003）『教育学がわかる事典』日本実業出版社．
・中西郁（2021）「知的障害教育における『総合的な学習の時間』の展望——東京都立八王子養護学校，東京都立王子養護学校の1977年から1998年頃までの実践から生みだされたもの」．『十文字学園女子大学児童教育実践研究』第14巻第1号，59-67．
・名古屋恒彦（2022）『「各教科等を合わせた指導」と教科の考え方——知的障害教育現場での疑問や懸念にこたえる』教育出版．
・西平直（2019）『稽古の思想』春秋社．
・三木安正（1969）『精神薄弱教育の研究』日本文化科学社．（『三木安正著作集』第3・4巻所収．学術出版会．2008年）
・三木安正（1976）『私の精神薄弱者教育論』日本文化科学社．（『三木安正著作集』第6巻所収．学術出版会．2008年）
・森博俊（2014）『知的障碍教育論序説』群青社．
・湯浅恭正（2006）『障害児授業実践の教授学的研究』大学教育出版．

# 第6章

# 学ぶことは想像世界をつくること

新井英靖

【要旨】

　この章では，知的障害児教育で行われてきた認知・行動主義的な教科学習からどのように抜け出すかという点を，戦後の学力論から考える。同時に，従来から知的障害児教育で実践されてきた生活単元学習をはじめとする経験主義教育の実践が，現行の学習指導要領で求められている「主体的・対話的で深い学び」の授業づくりとどこが異なるのかという点についても検討し，今後の知的障害児教育の実践の課題と方向性を検討する。その中で，本章では，学力論の知見をふまえると，授業づくりの内容や方法を要素に分けてとらえるのではなく，社会制作（ポイエーシス）につながる学びを展開していくことが重要であることを指摘した。

## 1.「認知」「行動」を指導することから抜け出す授業づくり

### (1) 教科学習を中心とした教育課程への転換

　現在の学習指導要領では，これまで知的障害児教育の中心的な指導の形態であった「生活単元学習」や「作業学習」を実践することを認めつつも，子どもの実態に応じた「教科学習」を展開することが求められている。学習指導要領の解説によれば，これはインクルーシブ教育を推進する理念のもと，特別支援学校と通常の学校の間で教育課程上，連続性があることを示すためのものであるが，こうした教科学習を中心とした指導に転換することによって，知的障害

第Ⅱ部　子どもの学びをつくる授業の創造

機械的な計数の学習

児教育が大切にしてきたものが骨抜きにされてしまう懸念がないわけではない。

たとえば，これまで生活単元学習の中に「国語」や「算数」の目的を加えて実践してきたものが，時間割上，「国語」や「算数」という名称で構成されるようになると，とたんに机上学習（あるいはプリント等によるドリル的学習）が多くなることが想定される。そうした学習ではなく，もっと子どもたちが身体を通じて学ぶように授業を工夫しなければならないと考える教師でも，文脈や状況を設定せず，国語や算数の「認知課題」をこなすことを指導の中心にすることは考えられる。

たとえば，数を数える課題を取り上げた授業で，机上にペットボトルを並べ，それを指さしさせて数える学習を行う場面は，筆者もこれまで多く見てきた。

子どもたちは具体物があるので，プリント学習で進められる授業よりは実感もあり，数える力が身につくかもしれない。しかし，こうした授業は何度か行ううちに知的障害のある子どもたちはすぐに飽きてしまうことが多く，数の原理を体得できるようになる前に，学習から離脱することが多くなると推察される。

## (2)「主体的・対話的で深い学び」を分割して展開される教科学習

知的障害児の学校では，前節で見たような認知的・行動的なアプローチで進められる国語や算数・数学の授業が多く見られる[1]。その一方で，学習指導要領では，「主体的・対話的で深い学び」を展開することが知的障害児に対しても求められており，豊かな学習活動の中で，課題を解決するために試行錯誤をしたり，考え，判断する中で教科学習を展開していくことが重要である。

こうした「教育現場で展開されている教育実践」と「学習指導要領で求めら

第6章　学ぶことは想像世界をつくること

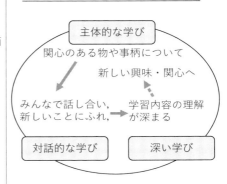

図6-1　「主体的・対話的で深い学び」のとらえ方

れている教育実践」の間にギャップが生じるのは、「主体的・対話的で深い学び」のとらえ方に由来すると考える。もちろん、「教育現場で展開されている教育実践」でも、子どもが興味をもって教科学習を進めていくことができるように工夫された授業は多くある。たとえば算数・数学の時間であれば、主体的に学ぶことができるように、「ペットボトルに好きなキャラクターを貼り付ける」など、指導を工夫することは多く見かける。また、友だちが数えているところを見るように促し、自分の数え方を変えてみたくなるように指導するなど、「対話的」に授業を展開している教師は多くいる。このような学習を通して数の数え方がわかってくれば、それは「深い学び」であるといえなくもない。そして、以上のような授業を展開していれば、学習指導要領が求めている「主体的・対話的で深い学び」となっているようにも見える。

しかし、こうした授業が現代社会で求められている教育実践であるかと問われると、筆者はかなり疑問であると考えている。なぜなら、上記のような授業では、「主体性」や「対話」、そして「深い学び」がそれぞれ独立して示されていて、生活や社会との接点が見当たらないので、学習指導要領が求めている「真正の学び」となっていないからである。

第Ⅱ部　子どもの学びをつくる授業の創造

　先に例示した授業でも，「数の数え方を理解する」ことを目標にしても，その学びが状況や文脈から独立した理解であるために，アクティブに学んでいるように見えて，実はあまり実感のない学びになっているということがよくある。これは，「主体的な学び」が単なる学習のきっかけとしての興味・関心にすぎず，その関心が「対話」へとつながっていくものではないからである。このように，「主体的な学び」と「対話的な学び」が別のものとして用意されている授業では，ものごとの本質（深い学び）へとたどり着く学習にはならないことが多いだろう。

　筆者は，特別支援教育の教科学習がこうした実践になってしまっている背景に，認知科学と行動心理学をベースにした学習論が主流を占めていることがあるのではないかと考えている。そのため，こうした実践から抜け出すために，学ぶことを通してどのような力を身につけるかという視点（学力論）から，特別支援教育の教科学習を見つめ直すことが必要であると考える。

## 2.「学力論」から考える特別支援教育の教科学習

### (1)「学力」と「人格」の統一的なとらえ方

　前節で取り上げた特別支援教育の教科学習の課題については，決して21世紀に生じた課題ではなく，第二次世界大戦後の教育史の中で常に論争点となっていたことである。特に，1960年代から1970年代には，経験主義教育に対する批判がある一方で，学力テストに代表される断片化された能力の測定に対する批判もあり，多くの議論が展開された。

　たとえば，広岡はヘルバルト学派の理論を参考にしながら，基本的な学習過程を「感性的把握−本質的把握−現実的把握」として整理し，この学習過程に沿って「導入−展開−終末」といった授業を展開していくことが重要であると指摘した（広岡, 1972, 41）。こうした指摘をする中で，広岡は一つひとつの物事を分離してとらえるのではなく，「思考と感情と意志の成分が，わかちがたく

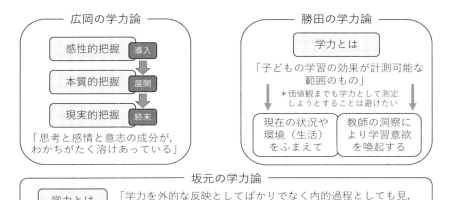

図6-2 学力論のまとめ

溶けあっている」ととらえ、それらを統合させているのが「態度[2]」であると考えた（広岡, 1972, 58）。

ただし、こうした広岡のとらえ方に対して、当時の教育学者の中には異論を唱える人もいた。たとえば、勝田守一は「学力」を「子どもの学習の効果が計測可能な範囲のもの」と考えるのがよいと提起した（勝田, 1972, 366）。ただし、これは、人間の能力がペーパーテストだけによって表されるという意味ではなく、むしろ「能力というものは、必ずしも数量であらわされるとは限らない」ということを認めたうえで、「計測ができるということの意味」を重視したと勝田は指摘する（勝田, 1972, 371）。こうした理由から、勝田は学力の中には「価値観や性格の形成や学習の態度」などは含めずに考えたほうがよいと主張した（勝田, 1972, 379）。

勝田が「学力と価値観を切り離す」ことにした理由について、当時、「学力が選抜のために使われる場合に、往々にして、学力のなかに価値観すらもしのび込ませるという不合理に抵抗するため」であったと坂元忠芳は指摘している（坂元, 1976, 150）。これを示す証拠として、勝田は、「私は学力というものを（中略）せまく規定しながら、他方では、子どもがおかれている現実の状況や環境

第Ⅱ部　子どもの学びをつくる授業の創造

（これを生活とかりによびます）について教師が認識と洞察とをもち，それをふまえて，子どもたちの学習意欲を育てていく努力は必要だ」と指摘している（勝田, 1972, 379）。

　こうした学力論争をふまえると，外見的に現れる能力を単に測定し，学習評価をすればよいのではなく，計測可能な能力と心理的に内面化されていくものを統一的にとらえていくことが「学力」であると整理できる。そして，学力論争において，こうした点を明確に指摘した研究者に坂元忠芳がいる。坂元は，ルビンシュテインの学説をふまえて，「学力」を「学習を通して習得される文化の体系としての外的なものの反映であると同時にそれらの習得の内的過程の性質でもあり，両者の統一概念である」ととらえた。これは，「学力を外的な反映としてばかりでなく内的過程としても見，それを人格全体のなかで位置づける可能性をきりひら」くものである（坂元, 1976, 173）。

## (2) 要素主義から抜け出すことの重要性

　以上のような学力論から得られる示唆は，現代の特別支援教育の授業論においても適用できる部分が多いと筆者は考える。

　たとえば，広岡が指摘した「思考と感情と意志の成分が，わかちがたく溶けあっている」という部分は，知的障害児教育において長年，主流を占めてきた実践である生活単元学習の中でも取り上げられてきたことである。すなわち，生活単元学習は活動の原動力である感情（主体性）が基盤としてあり，活動の中で考え，判断する側面が融合しているため，「分けない指導」とも呼ばれ，この実践においては「生活」こそ，その中核に据えるべきものであると考えられた（小出, 2010 など）。また，生活単元学習では「主体性と集団性・社会性を一元的に捉えるべき」であり，「主体的・対話的で深い学び」についても，「三つの視点を踏まえ，これらを一体的に捉えて実践していかなければならない」と指摘されている（名古屋, 2018, 42-43）[3]。

　このように，これまでの知的障害児教育においては，要素に分けて，それを

第6章　学ぶことは想像世界をつくること

一つずつクリアしていくような実践ではなく，「生活」をテーマにして諸能力を総合化できるように指導していくことが目指されていた。そうした総合化された「能力」を知的障害児の「学力」と呼ぶならば，生活単元学習は主体性と社会性を統一した実践であるということができるだろう。

　ただし，諸能力を総合化する学習過程を詳しく見てみると，生活単元学習では，育てたいと考えている諸能力はかなり曖昧なものであり，「計測可能なもの」とはいいがたいものが多い。たとえば，名古屋は「子どもに実現することを願う二つの姿」として，「精いっぱい取り組める」とか，「首尾よく成し遂げられる」ということをあげていて，生活単元学習では，こうした姿を引き出すために，「できる状況づくり」が大切だと指摘されている（名古屋，2018，75）。前節で取り上げた学力論をふまえると，上記の考え方に代表される生活単元学習は，いわば「態度の育成」が中心に据えられた実践論であると考えられる。

　また，生活単元学習では，「主体的に取り組める学習」となっている背景に，「本物の生活」を取り上げるからであると主張されている。しかし，これを実践する教師は「指導者というよりは支援者である」というスタンスで，「子どもと思いを共にし，活動を共にする共同生活者」として関わることが大切であると考えられている（名古屋，2018，84）。そうした実践の中では，教師が「現実の状況や環境」を改造しようとする意図をもつことがどうしても希薄になり，勝田の学力論の中で述べられていた「教師が認識と洞察をもち，それをふまえて，子どもの学習意欲を育てていく」という「指導性」を考慮することのない実践論であると特徴づけられる。

　このように，生活単元学習では子どもの学びの一体性が強調される一方で，どのような諸能力が身についているのかという点を明確にすることができず，戦後日本の教育学が展開してきた学力論に接続することが難しい実践となっている。そのため，坂元が指摘するような，子どもの内面に社会（文化）がどのように位置づき，人格が完成されていくのかといった学力形成の重要部分を説明できていない。

第Ⅱ部　子どもの学びをつくる授業の創造

## 3.「社会制作（ポイエーシス）」としての教育実践

　ここまで論じてきた特別支援教育の実践論を整理すると次のようになる。すなわち，本章の冒頭で述べた表面的な操作を指導するだけの「教科学習」と，前節で取り上げた主体的な活動が充実している「生活単元学習」は，一見すると正反対の実践のように見えるが，筆者は両者に共通した実践的特徴があると考えている。それは，社会変革を伴わない「社会適応的」な学習指導となっているという点である。

　たとえば，状況や文脈を伴わない機械的な操作を強いられているだけの教科学習では，仮に子どもが算数の授業を通して「3を数えることができる」ようになったとしても，それを使って子どもの生活がどのように豊かになるのか子ども自身にはまったく実感がもてない学びとなっている。加えて，そうした数学的な見方・考え方を社会の中でどのように活用していくのかという視点がもてない学習となっているので，社会とつながろうとする機会もなく，そのために新たな自己を発見する契機にもならない。

　そういう点では，生活単元学習は社会活動をベースにした学びであるので，さまざまな発見や社会と自己との関係の変化なども期待できる指導の形態である。しかし，そこには教師の指導性が希薄であるために，「自然主義」的な児童中心主義教育[4]となっている。こうしたことが原因で，生活単元学習の中でさまざまな経験をすることができても，それは「現在の生活に必要なスキルを身につける」ことに終始してしまい，子どもが社会変革や自己変革を主体的に進めていく契機となることがない実践となっている。

　そして，これが戦後の障害児教育の実践的特徴であるとしたら，1970年代に繰り広げられていた日本の学力論争とは一線を画するものであるといわざるをえないだろう。なぜなら，当時の学力論には，学力をどのように規定するか，あるいはその学力が社会の中でどのように発揮されるのかといった論争にとどまらず，「社会制作（ポイエーシス）」という考え方があったからである。

110

第6章　学ぶことは想像世界をつくること

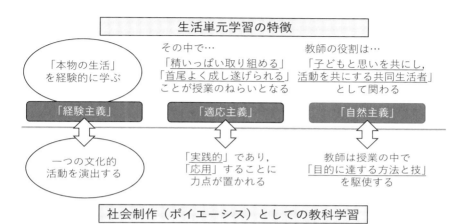

図6-3　坂元の学力論と生活単元学習の違い

　この点について、中内敏夫は「教育学は、政治学、美学、自然科学分野では建築学、医学、農学などとならぶ制作（ポイエーシス）の学の一種である」と指摘し、「教育社会学」や「教育心理学」とは異なるものであることを指摘してきた。すなわち、中内は教育社会学や教育心理学は「認識の学」であり、人間の心理や社会そのものを研究対象としている（「自己自らのうちに目的をもっている」）のに対して、教育学は「実践的」であり、「応用」することに力点が置かれていて、「目的に達する方法と技の工夫のほうに関心がある」ものであると述べている（中内, 2008, 156-157）。

　そのため、そもそも教育学では、「子どもが自然に成長する」と考えるのではなく、教師の指導性が重要なものの一つに位置づけられる。この点について中内は、「教師の活動は、教材や教具という小道具を起用して、目標への到達に向けた子どもの学習活動を助成することである」と述べていて、教師の意図的な準備や働きかけが不可欠であることを指摘している。もちろん、これは大人の意のままに子どもを教育するという意味ではないが、「子どもの側からみれば、一連の学習形態を協同して創造していく過程」と見えるように実践しつつも、教師の側から見れば、「子どもとのあいだでひとつの文化活動を演出す

第Ⅱ部　子どもの学びをつくる授業の創造

る」ことが教育である（中内，2008，167）。そして，こうした教育実践を通して，子どもを新しい存在へと変化させるとともに，社会そのものを変革する主体として育てていくことを企図することが社会制作（ポイエーシス）としての教育であると考える。

## 4.「想像力」を育てる教科学習の実践へ

### (1) 自由な結びつきを可能にする教科学習の意義

　それでは，社会を変革することにつながる授業づくりとは，どのようなものだろうか。このとき，一般の高校生が調査したことを社会に向けて発信するというような大々的な社会変革を想定してしまうと，知的障害児教育ではなかなか実現することが難しくなるだろう。しかし，これまで筆者が参観した知的障害児の教科学習の中でも，子どもたちの周辺にある社会（あるいは生活）を少しだけ変えていくことを意図した授業はたくさん見られた。

　たとえば，ある知的障害特別支援学校高等部では，美術の授業で，学校創立10周年に学校のキャラクターをつくることに合わせて，「10周年キャラクターのイメージを表現するのにふさわしいと考える色を様々に組み合わせ試行錯誤しながら表現」することをねらった学習を展開していた（田中，2022）。美術はもともと「造形的な見方・考え方」を働かせることが目的であるので，社会（あるいは子どもたちの生活）に何らかの影響を与えるような学習活動を用意することは，比較的容易な教科であると考えられる。

　それでは，算数・数学などの自然科学的な見方・考え方を働かせる教科においても，社会の変革を意識できる授業づくりは可能だろうか。

　たとえば，小学部（二段階）の子どもの算数で，「測定（長い・短い）」の領域を取り扱う授業を取り上げてみたい[5]。この授業は，動物園で象に餌のリンゴをあげるという活動を通して，「長い」「短い」を理解することをねらった授業であった。具体的には，動物園で象に餌のリンゴをあげたいのだけれど，象の

112

単元名：動物にえさやりをしよう

長い棒を使って，
象にリンゴをあげる活動

図6-4　小学部算数・測定（長い・短い）の授業

前に柵があって，長い棒の先にリンゴを刺して食べさせてあげないといけないという設定で，棒の長さを考えて選ぶことが学習課題とされた授業であった（図6-4参照）。

　この学習では，教師の側からすれば，子どもが「長い」「短い」に着目し，測定の方法を身につけることを「ねらい」にしているが，子どもの側からすれば，「象に餌をあげたい」という「思い」を実現することが活動の原動力となっていると考えられる。もちろん，この授業では「餌をあげて楽しむ」ことが主たる目的ではないので，「餌をあげることができたかどうか」という評価基準を設定することは適切ではないが，それでも子どもは象に餌をあげることができたら「満足」する授業の展開となっていることは確かなことである。

　教科の学習の中に，「社会制作（ポイエーシス）」という視点を加えて授業づくりをする場合には，こうした目の前の状況を変化させるために「算数」の見方・考え方を働かせるような展開を創出することが必要であろう。すなわち，「測定（長い・短い）」を学ぶ授業においても，「大人の側のねらい」を前面に出して機械的に長さを見比べる学習をするのではなく，目の前に出現した動物園という「世界」の中で，子ども自身が考えて，「長い棒」を選んで餌のリンゴを象にあげたら，パクっと食べてくれたという変化（大げさにいえば「社会制作」）の中で教科を学ぶことが重要であると考える。

第Ⅱ部　子どもの学びをつくる授業の創造

　このように，「社会制作（ポイエーシス）」の授業づくりにおいては，「子ども
との間で一つの文化活動を演出する」ことが重要である。そして，その中で
も，「目標への到達に向けた子どもの学習活動を助成する」といった教師の指
導性が不可欠である。すなわち，「動物園で象に餌やりをする」といった文化
的活動を組織しながら，算数の学びとして「長さ」に着目させる指導的意図を
もった関わりが授業づくりの肝になるのだと考える。

### (2)「想像世界」を創り出し，社会と自己を創造する

　以上のような豊かな文化的活動の中で学ぶ教科学習は，単に認知を刺激す
るだけの教科学習とは異なるものである。一方で，「本物の生活」を体験的に
学ぶことを基本とする生活単元学習とも異なるものであると考えられる。これ
が，「適応的な学習」から抜け出し，「社会制作（ポイエーシス）」につながる授
業づくりの方法であるとしたら，現行の学習指導要領で求められている「主体
的・対話的で深い学び」の実現に大いに参考になるのではないかと考える。

　このとき，現在ある社会（生活）に適応するだけの学びではなく，社会を変
革することへと結びつく学びには，「想像世界」を創り出すことが求められる
という点を強調しておきたい。それは，「想像力」というものは，自由な結び
つきを可能にするものであり，社会を創造する基盤となると考えるからであ
る。

　前節で取り上げた「測定（長い・短い）」の授業でも，「動物園で象に餌をあ
げる」という空想の世界を教室空間に創出するからこそ，「どちらの棒を使お
うかな……」と「長い」「短い」に着目して，真剣に考えるのである。そして，
そうした活動に没頭する中で，「象に餌をあげられた！」という満足感を味わ
うことができれば，これがちょっとした社会変革に関与する実感となり，「長
い・短い」についての理解の深まりにつながるものだと考える[6]。

　筆者は，こうした想像力を働かせる学習は，教科学習において実践できるも
のが多くあるのではないかと考えている。すなわち，教科に関連する文化的活

114

動をもとに「想像世界」を創り出し，そこで試行錯誤を含めて子どもがさまざまに思考し，表現する学習の中で，子どもは社会と接点をもち，自己の内面を変化させていくことで子どもの学びを深めていく教育は，「教科の本質」と結びつくものが多いのではないだろうか。

　特別支援学校の学習指導要領が「教科」中心の教育課程へとシフトした現在においては，知的障害児教育において，こうした学びとなるように授業づくりをしていくことが重要であると考える。そして，今後，こうした実践を教育現場で具現化するために，教科学習の中で「想像世界」を創り出す学びを展開することや，社会制作（ポイエーシス）につながる授業をつくるという視点をもつことが必要であると考える。


［注］

1) これは書店などで市販されている特別支援教育分野の書籍の傾向でもある。そのため，教育現場の問題というよりも，学会をはじめとした特別支援教育に関する実践研究分野で検討すべき課題である。

2) 広岡は「態度」を次のようにとらえている。
　「態度は，たんなる心構えにとどまらないで，行動として外化しようとする。それも，単一個々行動ではなく，それらが絡まりあった行動傾性である」（広岡，1972. 58）。

3) 生活単元学習は第二次世界大戦後の知的障害児教育の中心的な実践論である。生活単元学習をけん引してきた小出や名古屋は，教育学分野で展開されてきた学力論争と同時代に活躍していたと考えられる。

4)「自然主義」的な児童中心主義とは，子どもは自然に成長していくものであるから，大人からの意図的な働きかけは最小限にすることを是とする教育の考え方である。産業革命以前からこうした教育論は提唱されていて，ルソーから始まり，デューイへと継承されている教育論である（柴田，2010, 40-41）。

5) この授業はプライバシー保護のため，筆者が参観したいくつかの授業を組み合わせて論じた。

6) この学習が従前の生活単元学習として展開されていたら，餌をあげることが目的になり，長い・短いといった数学的な見方・考え方に着目することは希薄になると思われる。そし

第Ⅱ部　子どもの学びをつくる授業の創造

て，「何とかして餌をあげることができないか」という社会変革をしようとすることなく，長さに着目する契機にもならないので，教科の深い学びにつながりにくい学習となることが多いだろう。

[文献]

・勝田守一（1972）「学力とは何か（一）」．『勝田守一著作集4　人間形成と教育』国土社，365-379.

・小出進（2010）『生活中心教育の理念と方法』K&H.

・坂元忠芳（1976）『子どもの能力と学力』青木書店.

・柴田義松（2010）「児童中心主義の新教育」．『柴田義松教育著作集1　現代の教授学』学文社，30-43.

・田中真以子（2022）「創立10周年記念オリジナルキャラクターを作ろう」．新井英靖編著『知的障害特別支援学校「各教科」の授業改善──学習指導案実例＆授業改善に向けた提言』明治図書出版，102-107.

・中内敏夫（2008）『生活訓練論第一歩　（付）教育学概論草稿』日本標準.

・名古屋恒彦編著（2018）『アップデート！各教科等を合わせた指導』東洋館出版社.

・広岡亮蔵（1972）『学習過程の最適化』明治図書出版.

# 第7章

# 学ぶことは文化をつくること

新井英靖

【要旨】

　この章では，子どもたちが文化の中で学ぶことによって，社会とのつながりを確かなものにし，自身の世界を広げていくことができるということを教授学の理論と重ねながら述べていきたい。これまで知的障害児教育では，生活に必要なスキルの獲得が重要視されてきたが，こうした実践は，文化との関連性が薄く，習得したスキルを「般化」することが難しいという課題があった。

　特別支援教育の特徴である，こうした授業づくりの課題を克服するために，本章では，ヴィゴツキーの「文化的発達」という考え方を取り上げて主体的・対話的で深い学びを実現する方法について検討する。具体的には，絵本や遊びなどの文化的な教材が，自己の世界を広げ，子どもの学びが深まる過程を示したうえで，こうした学びを展開する際の授業展開や指導上の留意点について述べる。

## 1．特別支援教育の実践研究の特徴

### (1) 行動の生起頻度で学習成果を示すことの限界性

　特別支援教育の実践研究では，行動主義心理学の影響が強いからか，かなり以前から子どもの成長や変化を見る際に「行動の回数（頻度）」を指標にしているものが多い。たとえば，漢字の書字学習に困難を示す生徒にICTを用い

第Ⅱ部　子どもの学びをつくる授業の創造

て自己学習支援を行った実践研究では，実践期間中に生徒が取り上げた文字数を数量で示し，実践開始時よりも「文字数が大幅に増加した」ことを学習の成果として示している（樋熊・大庭, 2022）。

　また，宇留野らは，自閉スペクトラム症の子どもを対象としたオノマトペを用いた実践研究で，子どもの関わりの回数を調べたところ，オノマトペを使用したときのほうが「応答的発声・発話の生起率」が増加したことを明らかにしている（宇留野ら, 2022）。この研究は，「おままごと」の文脈の中で食べ物を切るシーンで「切ります」という言葉を用いるか，「トントン」というオノマトペを使うかによって，子どもの応答的コミュニケーションがどのように変わったのかを明らかにした[1]。

　しかし，この実践を通して得られた成果を少し別の視点から考察するならば，繰り返しおままごとをしているうちに，おままごとの流れがわかってきて，「応答的発声・発話の生起率」が増加した可能性も否定できない。そのため，子どもの応答的発話が増えた要因を「オノマトペ」の効果として一面的にとらえるのではなく，「オノマトペ」を含んだごっこ遊びに要因があると考えることもできるだろう。これは，「心地よく感じられるやりとり」を繰り返し行う「ごっこ遊び」が，子どもの「応答的発声・発話の生起率」を高めたと考えることもできるだろう。

## (2) 授業づくりに「文化」の視点をもつ

　上記の論文では，「オノマトペ」を使用するかどうかという条件を変えて，ごっこ遊びをするという取り組みを「実践」と称して研究発表していたが，はたしてこの取り組みが「実践」と呼べるものであるのかどうか疑問である。なぜなら，ここで取り上げた「実践」には，「おままごと」を通して育つ力を多面的にとらえることなく，表面化した「応答的発声・発話」にのみ成果を見ているからである。

　本来，障害児のコミュニケーション力を高めていくことを目的とする授業を

行う場合には，「おままごと」の内容を多様に変えて，いろいろな場面で「やりとり」をする機会を子どもに与えていくことを考えるだろう。また，学校の授業であれば，「おままごと」の単元を終えた後，今度は友だちとやりとりしながら進めるゲームを教材にして，別の学習単元を組むことで，「コミュニケーション力」をさらに広げていくことも考えることだろう。教育において「実践」とは，こうした主体的に取り組む学習活動を全体的に指すものであり，決してターゲットとなる能力を伸ばすための関わりを見つけ出すことではないと考える。

　この点について，子どもの発達と学力について論じた川合は，次のように指摘する。

　　　子どもの発達をとらえるということは，子ども・青年の成長，発達の姿のあれこれの事実を知ることだけではない。（中略）それだけではなくて，人間としてどう育ちつつあるかという角度から，それらの事実をとらえ直し，人間として発達させるために，それぞれの発達の過程でどのような活動，生活こそが必要かを明らかにすることである。（川合，1979，38-39）

　すなわち，子どもの発達を促す実践とは，単に「オノマトペ」を子どもに投げかければ子どもが発達するといった皮相的なとらえ方をするのではなく，感情や身体に関することも含めた個人の能力が，他者や社会に働きかける中で変化することである。これは，「人間の発達にとって決定的な意味をもつのが環境，教育」だからである（川合，1979，39）[2]。

　しかし，特別支援教育のこれまでの授業づくりには，こうした視点が稀薄であった。それは，20世紀に発展した特別支援教育が西洋の自然科学をベースにした「もののとらえ方」に依拠するものだからだと考える。すなわち，20世紀に発展した自然科学分野の科学的根拠は，「目の前に存在すること」に高い優先順位が置かれ，子どもの内面の「思い」や「想像力」などを十分に評価せずにきたという点に特徴がある。

第Ⅱ部　子どもの学びをつくる授業の創造

　この点について，佐伯は「西洋思想の中枢は，確かに『あるもの』があることを前提にし，その『あるもの（存在者）』の分析や解明に向かった」と指摘している（佐伯, 2020, 422）。特別支援教育についても，こうした特徴をもって実践が展開されてきたのだとしたら，「あるもの」＝表面化された言語や行動に焦点を当てられ，それを生起させることを目的とした教育が展開されていることも理解できる。そして，こうした特徴をもつ研究では，「おままごと」をして遊んでいるにもかかわらず，オノマトペという実測可能なもの（「あるもの」）に過度に注目して，応答的発話や発声が多く生起するのかどうかを検討するという「実践研究」が成立するのだと考える。

　ただし，以上のような取り組みの中では，実践者は，決して子どもの「思い」をとらえようとはせず，「応答的発声・発話」といった表面化されたものが生起されていれば「実践」の成果があったと結論づけてしまう。これが，20世紀の特徴的な「もののとらえ方」だといえるが，こうした時代においては，「生活」や「文化」といった側面を無視して，個人の心理面のみに着目する「とらえ方」になっていると考えられる。筆者はこうした取り組みは，もはや「実践」ではなく，「実験」というほうが正しいのではないかと考えている。

## 2.「文化的・社会的・歴史的」に子どもを発達させる授業づくり

### (1) アクティブ・ラーニングと文化的活動

　それでは，従来の特別支援教育の実践から抜け出し，集団や社会の中で子どもの内面が変化することをとらえる「実践」へと転換するにはどうすればよいだろうか。そこで本節では，近年，注目されている実践改革の視点から，アクティブ・ラーニングの本質的な部分をふまえて，特別支援教育の授業づくりのあり方を考えてみたい。

　まず，「アクティブ・ラーニング」のとらえ方を再度確認すると，2018（平成30）年に出された『特別支援学校教育要領・学習指導要領解説　総則編（幼稚

部・小学部・中学部)』では,「アクティブ・ラーニング」は次のような実践として述べられている。

　子供たちが,学習内容を人生や社会の在り方と結び付けて深く理解し,これからの時代に求められる資質・能力を身に付け,生涯にわたって能動的に学び続けることができるようにするためには,これまでの学校教育の蓄積を生かし,学習の質を一層高める授業改善の取組を活性化していくことが必要であり,我が国の優れた教育実践に見られる普遍的な視点である「主体的・対話的で深い学び」の実現に向けた授業改善(アクティブ・ラーニングの視点に立った授業改善)を推進することが求められる。(文部科学省, 2018, 7)

　このように,現行の学習指導要領では,子どもたちに身につけさせたい資質・能力を指導するときに,「人生や社会の在り方と結び付けて」学ぶことが大切であるという点が強調されている。たとえば,オノマトペを使った知的障害児に対する国語の授業でも,筆者が参観した授業では絵本を教材にして,文化的な活動の中で学ぶものが多かった(たとえば,表7－1の指導案参照)。

表7－1　オノマトペを取り扱う知的障害児の国語の授業案

| 時刻 | 学習内容・活動 | 支援上の留意点 |
|---|---|---|
| 9:40 | 1　本時の学習内容を知る。<br>(1) 始めの挨拶をする。<br>(2) 本時の学習内容を知る。 | ・子どもたちのつぶやきを受け止め,やり取りをしながら読み聞かせをすることで,気付いたことや伝えたいことを表現することができるようにする。 |
| 9:43 | 2　絵本を見て,体験したり,劇遊びをしたりする。<br>(1) 絵本を読む。『えほんのこども』<br><br>　エホン　ゴトン。えほんのこどもたちがとんがり館にお話を届けにやってきましたよ。<br><br>(2)絵本の子どもに自己紹介をする。 | ・「エホン　ゴトン」の言葉に合わせて,体を揺らしたり,言葉を模倣したりすることで,言葉のリズムを感じながら読み聞かせを楽しむことができるようにする。<br>・Dには,教師が絵本に出てくる言葉は場面をイメージできるような動作をすることで,動きを手掛かりに絵本の内容に興味をもつことができるようにする。<br>・Gには,絵本の場面や言葉と関連するGの思い出について言葉掛けをすることで,登場人物の様子や動作についての想像を広げることができるようにする。 |

出典：新井・茨城大学教育学部附属特別支援学校(2020, 106)

第Ⅱ部　子どもの学びをつくる授業の創造

　この授業は,「思い浮かべたことを言葉で表現することができる」ということを目標にしていたので, 最終的には教師からの問いかけに応答できることが求められていた。しかし, オノマトペを用いて表面的に表れるコミュニケーション行動を促進していく授業ではなく, 登場人物の様子や動作についての「想像」を広げることを意図して指導していた。

　これは, 国語の授業が「応答的コミュニケーション」といった心理的行動を促進するだけの営みではなく, 文化的活動を通して幅広い資質・能力を育成することを目指した「実践」であるからだと考えられる。

## (2) 文化的活動を「媒介」にして発達する

　以上のような「実践」がアクティブ・ラーニングのポイントであるとしたら, 文化的活動を通して子どもを発達させる授業づくりを展開していくことが重要となる。こうした実践論の理論的根拠になっているのが, ヴィゴツキーの「活動理論 (activity theory)」である。ヴィゴツキーの理論は, 人間の成長・発達を文化的・歴史的な発展とセットにして見ていこうとするものであり, 単に個人が自然に成長していくかのように描く心理主義的な発達論とは一線を画する考え方をとっていた。

　たとえば, ヴィゴツキーは著書の中で次のように指摘する。

　　　子どもの行動の文化的発達は, 均等に上向する曲線に沿って進むものではない。それは, 子どもの胎内発達に見られるように, 規則的にあるところから他のところへと移行する一定のステレオタイプ的な発達の形式で経過するものでもない。心理学は長い間, このような一定のステレオタイプ的な発達の形式にあまりにも大きな意義を与えてきた。(ヴィゴツキー, 2005a, 344) [3]

　このように, ヴィゴツキーは, 社会や文化と隔絶したところで描かれる心

理主義的な発達論を批判したうえで,「活動理論」では,「人びとの協働(共同作業, collaboration)による文化的・社会的・歴史的な『活動システム(activity system)』を研究の基本的な分析単位とする」ことが指摘され,以下のように活動を用意することが重要であると考えた(山住, 2004, 70)。

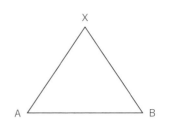

図7−1　人間の精神過程の図式

まず,人間はある「ものごと」を自分の中に取り込み,それまでの自己と「ものごと」を結合するときに,文化的な活動を「媒介」しているととらえた[4]。この理論を説明するときに,ヴィゴツキーは三角形を用いて図7−1のように説明している。

すなわち,「A ⇒ B」に直接的に影響を与えるものは「反射」的なものである一方で,精神的なものが変化する(AにBが統合される)場合には,X(という文化的活動)が媒介していると考える。言葉の発達なども,Aの中に新しい単語(B)が取り込まれる過程において,Xという文化的活動が関係していると考えると,この関係性は理解しやすいだろう。

たとえば,知的障害児に言葉でやりとりする力を身につけることをねらいにした国語の授業を行う場合でも,それは「オノマトペをたくさん用いたから,応答的コミュニケーションの力が身についた」という単純な(反射的)メカニズムではなく,絵本の世界やごっこ遊びといった「文化(的活動)」が媒介となり,結果として子どものコミュニケーションの力が向上したと考えるのがヴィゴツキーの活動理論である。

### (3) 対話を通して精神内機能が発達する

さらに,ヴィゴツキーの考え方は,文化的発達という点だけでなく,言葉が精神内に取り込まれていく過程についても現代の教育実践に示唆を与えるものがある。すなわち,ヴィゴツキーは,言葉にはその世界で共通した一般化され

第Ⅱ部　子どもの学びをつくる授業の創造

た「意味」と，その世界の中で，言葉を使う個人が用いる「意味」があるというように両者を区別してとらえている。もちろん，同じ言葉であれば，一般化された意味と個人の意味は，それほど大きく乖離したものではなく，意味の重なりがかなりあると考えられる。しかし，ヴィゴツキーは，「個人的『意味』というのは，その共通の語義に私たちの一人ひとりが自分の思いとか感情を付け加え，その語句を屈折させ，補足するもの」ととらえていて，まったく一致したものではないと考えていた（柴田，2010b，160）。

　つまり，「一般化された意味」がある世界で，「個人」がさまざまな活動を通して「個人の意味」の中に取り込んでいくのであるが，いろいろな「個人」が一般化された意味を取り込み，他者とコミュニケーションすることで，個人間でわかちあい，場合によっては，「一般化された意味（世界）」のほうが変わっていくこともある。この点について，ヴィゴツキーは，「言語的な思考は生得的な自然的な行動様式ではなく，社会的・歴史的な様式であり，したがって思考およびことばの自然的様式においては見出すことのできない多数の特殊な性質や法則性を基本的な特徴とするものである」と指摘している（ヴィゴツキー，2001，145）。これは，社会的活動を他者と対話的に取り組む中で，言葉が内面化し，思考が言語化されていくという意味である[5]。

　以上のようなヴィゴツキーの理論を現代の教育実践と重ねて考えるなら，「対話」がとても重要な意味をもつようになる。すなわち，先のオノマトペを使ったごっこ遊びを通して「応答的コミュニケーション」を育てる授業でいえば，指導者がたくさんオノマトペを使用したからコミュニケーション力が身についたのではなく，周囲の子どもたちと繰り広げたごっこ遊びという文化的な活動の中で，豊かな「やりとり」を行ったからこそ，言葉が精神内に取り込まれ，「応答的コミュニケーション」へと結びついていったと考えることが妥当なとらえ方なのではないか。

第7章　学ぶことは文化をつくること

## 3．文化的発達をふまえた授業づくりの方法

### (1)「今の生活」ではなく，「歴史的・文化的」に学ぶ

　以上の教授学理論をふまえると，知的障害児の授業づくり（あるいは「実践」）
や教材開発のポイントが見えてくる。それは，「今の生活」に必要なことを目
標にしたり，表面的に身につけさせたいスキルをターゲットにして授業を展開
するのではなく，もっと「歴史的・文化的」な視点から教材を選定すること
が重要になるということである。たとえば，「ごっこ遊び」を教材に取り入れ
るなら，その「ごっこ」の中で，「発言させたい言葉」をターゲットにすると
いった皮相的な視点で授業をつくるのではなく，文化の中で「言葉」を内面に
取り込んでいくことができるような授業を展開していくことが重要となる。

　この点に関して，「おおきなかぶ」を教材にして，国語の授業で「読むこと」
に関する授業を取り上げて考えてみたい。

　「おおきなかぶ」は，小学校1年生の国語の教科書に掲載されている有名な
お話であるが，比較的重度の知的障害児がいるクラスの国語の授業でも取り上
げられている。それは，「うんとこしょ，どっこいしょ」といったかけ声が子
どもたちには心地よいフレーズとして聞こえ，言葉をたくさん話せない子ども
もお話の世界に引き込まれることが多いからである。こうした中で，机にくく
りつけた「（簡単に動くことのない）おおきなかぶ」をみんなで協力しながら抜
くといった楽しい活動を通して，子どもたちは「かぶを抜く」ということの意
味を理解したり，「やっと」という言葉の意味が実感をもってわかるように授
業が展開されていることが多いだろう。

　このような授業が子どもの深い学びに貢献しているのだとしたら，そこには
「文化」を通して学んでいる側面が強くあるからだと考える。すなわち，「おお
きなかぶ」というお話は，私たちの親の世代よりも，もっと前から親しまれて
きた文化的素材であり，過去から今にかけて（すなわち，「歴史的に」），私たち

125

第Ⅱ部　子どもの学びをつくる授業の創造

の身体に染み込んでいる言葉（フレーズ：「うんとこしょ，どっこいしょ」）を通して学んでいるということでもある。つまり，「おおきなかぶ」を授業者として教えている教員にも「この話に親しみ」があり，かぶをみんなで引いて，「やっと抜けた」ときに，（教員という立場であっても）「やった〜！」と心から共感できることが，知的障害児の言葉の理解や，意味理解につながっていくのだと考えられる。

## (2)「経験」が言葉と重なり，取り込まれる

　このように考えると，教員が取り上げる教材（国語でいえばお話や物語）をとても気に入っていて，「心の底から面白い（好きだ）」と思っていることはとても重要なことであり，そうした教科を子どもと共有するということが授業づくりの過程で特に重要になると考える。これは，歴史的遺産を教材にするべきだということを述べているのではなく，「文化」というものを「人間が大切にしてきたもの」ととらえることで子どもの学びが広がり，深まるということである。

　もちろん，どんなに大人が気に入っているお話であっても，それを学ぶ子どもが理解できなかったり，興味をもつことがないものであったら，共感や共有は生じず，文化的・歴史的に学ぶということは成立しない。そのため，指導する教員は，子どもの発達や生活の実態を綿密に把握しておかなければならないのはいうまでもないことである。

　たとえば，「おおきなかぶ」を読む国語の授業であったら，そのクラスで学ぶ子どもたちは，日常的な生活の中で，「（畑から抜かれた素の形で）かぶ」を見たことがあるかどうか，みんなで物を引っ張った経験があるかどうかなど，「おおきなかぶ」の内容を理解する過程で過去の経験は大きく関係する。言い換えると，「おおきなかぶ」を読んで，「かぶを引く」とか，「やっと抜けた」という言葉を聞いただけで理解が深まるわけではなく，こうした楽しい学習活動の中で，過去に経験したいろいろなことと結びつき，新しい認識を形成して

第7章　学ぶことは文化をつくること

いくことが，「実践」であり，「歴史的・文化的な発達」であると考える。

## (3) 子どもの学びと文化の創造

　ただし，単に過去の経験と新しい学習活動とが接点をもち，重なり合えば，認識がリニューアルされていくわけではない。そうではなく，認識が新しく改変されたら，その子どもは理解した言葉を日常生活の中で活用し始め，文化創造に主体的に寄与していくようになるととらえることが重要である。

　たとえば，「おおきなかぶ」を夢中になって読み，みんなでかぶを楽しく抜く活動を繰り返し行った子どもは，何かを取ろうとするときに，「うんとこしょ」とかけ声をかけるかもしれない。こうした言葉を聞いた周囲の大人は，一緒に「おおきなかぶ」を読んでいない人であっても，この子どもは「おおきなかぶ」のお話を想像しながら作業していることがわかり，子どもとつながるきっかけを得ることになるだろう。

　こうした中で，他の子どもも物を持ち上げるときに「うんとこしょ」とかけ声をかけ始め，みんなで楽しく活動し始めたとしたら，そのつぶやきを発した子どもが，「場の雰囲気（ミクロなレベルの「文化」）」を創り出したことになる。ヴィゴツキーの文化的発達というとらえ方では，このように，自身の活動が社会にも影響を与え，社会（文化）が創造的・発展的に変化すると考えている。これは，本人（A）と社会（B）が影響し合い，両者がそれぞれ発達していくということであり，これをヴィゴツキーは「弁証法的発達」と呼んでいる（ヴィゴツキー，2005a, 207）[6]。

　こうした視点から実践を見つめ直すと，単なる行動が生起したことをもって成果が出たと結論づける研究では不十分であるという点が明確になってくる。言い換えると，オノマトペを多く使用したから，子どもが「応答的コミュニケーション」をとれるようになったという実践研究は，その背後にある文化的活動や教材の「媒介性」を考慮することなく，短絡的（あるいは「欺瞞的」）な結論を導き出しているといえるだろう。

127

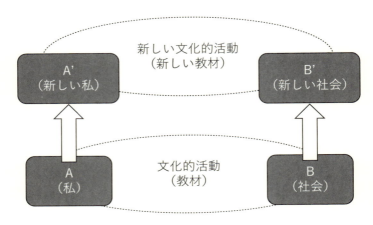

図7-2 「弁証法的発達」の構図

　そうではなく，特別支援教育の授業づくりには，私たちが蓄積してきた文化を媒介にして子どもを常に変化・発展させていく過程を創造することが求められる。

　そうした「実践」では，多分に社会（学校や授業・教師）の側が変化するものであり，新しい社会（学校や授業・教師）がさらに，子どもの新しい姿を引き出していくことに寄与するといった，「弁証法的な相互発展の図式」をイメージすることが授業づくりにおいて重要であると考える。

　以上のような特別支援教育実践の検討を経て，本章の最後に筆者が指摘したいことは，認知・行動主義的な実践モデルから抜け出すためには，これまでの特別支援教育の指導観をも変化させながら発達を弁証法的にとらえる実践を展開することが重要であるということである。こうした視点をもって「アクティブ・ラーニング」の授業づくりを進めていくことが強く求められると考える。

[注]

1) この実践研究では，研究者らが対象児3名（A児・B児・C児）に対して，週に1回1時間

第7章　学ぶことは文化をつくること

程度の指導を継続していたということが論文に記されている。そして，オノマトペを用いた関わりは，その指導時間のうちの5〜10分程度の取り組みであったことも記されている。

2）川合は著書の中で，「外に現れる部分だけで，行動を評価するのではなく，子どもたちの内面における屈折に注目しなければならない」と指摘している（川合, 1979, 65）。

3）この点について山住は，「心理過程の『文化・歴史的』（あるいは『社会・歴史的』『社会・文化的』）理論と呼ぶことのできるヴィゴツキーの発達論は，認知発達における個人と社会文化的環境との相互関係の重要性をきわめて強調するものである」と述べている。これは，心理学を再構築し，個人と社会（あるいは「人と環境」）の変化を二項対立的にとらえる二元論を克服しようとしたものであったと山住は指摘している（山住, 1998, 61）。

4）柴田は，この点について「人間の心理過程の間接的性格」と表現している。すなわち，「人間に固有の精神的特性は，（中略）あらゆるものを媒介とする間接的な過程に転化することから生じる」と考えられ，これが「ヴィゴツキーが人間の心理を研究する際に第一の仮説としたことである」と柴田は指摘している（柴田, 2010b, 84）。

5）この点については，ヴィゴツキーは労働教育を取り上げる中でも同様に指摘している。すなわち，ヴィゴツキーは労働教育を通して「すべての教育過程の結合と全一性が達成され，そのすべての部分が全体に有機的に結合されて」いくことを指摘している（ヴィゴツキー, 2005b, 184）。このように，思考や言語が自然に成長するものではなく，文化的な活動の中で意図的な教授が行われることで，子どもたちの言葉や思考が発達していくと考える。

6）柴田は子どもから出発する児童中心主義的な教育を強調する理論では，「子どもの興味の世界と科学技術の体系の世界とは連続して」いると考えていたが，そうした教育論においても教材を決定するものは「結局，教師にほかならない」と指摘し，この点において児童中心主義教育の「欺瞞性」が認められると指摘している。これは，子どもの成長・発達に他者や社会が強く関係していることを指摘するものであり，社会の変化と子どもの成長・発達は相互に影響を与えていることを柴田は主張している（柴田, 2010a, 87）。


［文献］

・新井英靖編著・茨城大学教育学部附属特別支援学校著（2020）『特別支援学校新学習指導要領　「国語」「算数・数学」の学習指導案づくり・授業づくり』明治図書出版.

・ヴィゴツキー（2001）『思考と言語（新訳版）』柴田義松訳，新読書社.

・ヴィゴツキー（2005a）『文化的－歴史的精神発達の理論』柴田義松監訳，学文社.

・ヴィゴツキー（2005b）『ヴィゴツキー 教育心理学講義』柴田義松・宮坂琇子訳，新読書

社.

・宇留野哲・青木康彦・石塚祐香・藤本夏美・野呂文行（2022）「自閉スペクトラム症児を対象としたオノマトペを用いたかかわりの検討」.『特殊教育学研究』第59巻第4号，257-267.

・川合章（1979）『子どもの発達と学力』民衆社.

・佐伯啓思（2020）『近代の虚妄——現代文明論序説』東洋経済新報社.

・柴田義松（2010a）『柴田義松教育著作集1　現代の教授学』学文社.

・柴田義松（2010b）『柴田義松教育著作集2　教育的人間学』学文社.

・樋熊一夫・大庭重治（2022）「漢字の書字学習に困難を示す生徒を対象としたICT活用による自己学習支援システムの開発に関する試行的研究」.『特殊教育学研究』第60巻第1号，33-44.

・文部科学省（2018）『特別支援学校教育要領・学習指導要領解説 総則編（幼稚部・小学部・中学部）』（平成30年3月）.

・山住勝広（1998）『教科学習の社会文化的構成——発達的教育研究のヴィゴツキー的アプローチ』勁草書房.

・山住勝広（2004）『活動理論と教育実践の創造——拡張的学習へ』関西大学出版部.

**第8章**

# 学ぶことは自分をつくること

### 今井理恵

---

**【要旨】**

　この章では，子ども自身の豊かな人格形成＝「自分づくり」のプロセスに不可欠な教授学的視点を明らかにするために，まずは特別支援教育におけるキャリア教育の理論と実践の代表例として「キャリアプランニング・マトリックス」の特徴と課題について指摘する。次に，竹内常一の生活指導論における「自分づくり」の教授学視点として，子どもの自己実現過程には自己の解体と再編成があること，子どもを他者と世界につなぐものとしてのケアの視点が不可欠なこと，教科における「自分づくり」の視点について整理する。最後に，「自分づくり」に挑む教育実践（教育課程や教科学習）の特徴を明らかにする。

---

## 1．発達要求としての自分づくり

### (1) 子どもの拒否や否定する姿の中に発達の芽をつかむ

　日本の子どもたちの自己肯定感の低さが指摘されて久しい。子どもの自己肯定感の低さは，安全・安心な子ども期を過ごせていないことや自己を否定される体験が積み重なった結果ではないだろうか。子どもの権利委員会は，「日本の第4回・第5回統合定期報告書に関する総括所見」において「子どもが，社会の競争的性質によって子ども時代および発達を害されることなく子ども時代を享受できることを確保するための措置をとる」ことや「ストレスの多い学校

第Ⅱ部　子どもの学びをつくる授業の創造

環境（過度に競争的なシステムを含む）から子どもを解放するための措置を強化する」ことを勧告している（子どもの権利委員会, 2019, 17）。「社会の競争的性質」や「ストレスの多い学校環境（過度に競争的なシステムを含む）」は，子どもたちの関係性を排他的な分断と孤立へと追い込むだろう。

　このような状況下で障害のある子どもは，障害特性による困難さが理解されないだけでなく，自己を否定される体験が積み重なることでますます自分に自信がもてなくなっていく。幾重にも傷つき体験を重ねた障害児は，自己を肯定的にとらえられず，他者や社会とのつながりを実感できないことが少なくない。

　しかしながら，否定的に見えるその姿の中にも，「わかるようになりたい」「できるようになりたい」という発達要求の芽が必ず存在している。障害のある子どもは，障害特性による困難さのために自分自身の発達要求としての思いや願いを十分に認識できていないことも少なくない。それゆえに，教師が子どもの声なき声を聴き取りながら発達の芽をつかむことが大切である。

## (2)「アンラーン（unlearn）」と自分づくり

　教育基本法において教育の目的は「人格の完成を目指し」とある。私を「私」として形づくる「人格の完成」を目指すプロセスにおいて不可欠なものは何か。

　人は自分一人だけで生きているわけではない。個々人によって違いがあるとしても，他者や社会とのしがらみやつながりの中で生きている。すなわち，他者や社会（世界）とのさまざまな関係性の中で私は「私」として存在しているのである。私が「私」を形づくる＝自分づくりのためには，何か新しい知識や技術を習得するということも大切ではあるが，それだけでは不十分である。私が得た知識や技術でもって既存の生活世界や社会を批判的に読み開いていくこと，他者とともに生活を豊かに創造することや平和的な交わりとつながりをつくり出すこと，これらのプロセスに主体的に参加していくことで，より豊かな

第8章　学ぶことは自分をつくること

自分づくりへと開かれていくのである。

　しかし一方で，子どもにとって生きづらい世界の中で「失敗したのは自分の
がんばりが足りなかったせいだ」「どうせ自分なんかだめなんだ」という自己
責任，自己否定に追い込まれていると，自分づくりのプロセスに主体的に参加
することが難しくなる。障害のある子どもの自己肯定感の低さは，拒否され，
否定され続けたことで自分では引き受けがたい経験を積み重ねてしまった＝
否定的な自己として学習した結果としての姿だととらえる視点が欠かせない。
「自分はだめだ」という自己否定から，「だめな自分」も含めて「ありのままの
自分」を肯定できる自己へと転換させていくことが求められる。そのために，
子どもの思いや願いをはじめとして，子どもの実態を出発点にした学習や活動
の中に「アンラーン（unlearn）」のプロセスを構想することを重視したい。

　「アンラーン（unlearn）」とは「脱学習」のことであり，いったん学習したも
のを脱して新たに学習し直すという意味をもつ。障害児が経験してきた（＝学
習してしまった）否定的な自己は，決して本来の自己の姿ではないのだととら
え直したうえで，自己を学び直しできるような学習や活動を構想するのであ
る。教師や学級の友だちの中で，認め認められながら「自分も捨てたもんじゃ
ない」「自分にもわかった，できた」と自己を再発見・再創造できる学びが障
害のある子どもの「自分づくり」において重要である。そのためにも，子ども
自身の豊かな人格形成＝「自分づくり」のプロセスに不可欠な教授学的視点に
ついて明らかにしたい。

　そこで本章では，第一に，特別支援教育におけるキャリア教育の理論と実践
の代表例として「キャリアプランニング・マトリックス」の特徴と課題を明ら
かにする。第二に，竹内常一の生活指導論における「自分づくり」の教授学視
点を整理する。第三に，知的障害児が「自分づくり」に挑む教育実践（教育課
程や教科学習）の特徴を明らかにする。なお，他者や社会との関係性の中で自
己を見つめ，自己の生き方についてより強く意識するだろう青年期（知的障害・
特別支援学校高等部）の子どもに着目する。

133

第Ⅱ部　子どもの学びをつくる授業の創造

## 2．特別支援教育におけるキャリア教育

### (1)『特別支援学校高等部学習指導要領』におけるキャリア教育の位置づけ

　キャリア教育の定義について中央教育審議会（以下，中教審とする）は「一人一人の社会的・職業的自立に向け，必要な基盤となる能力や態度を育てることを通して，キャリア発達を促す教育」（中央教育審議会，2011，17）とした。さらに，キャリアとは「人が，生涯の中で様々な役割を果たす過程で，自らの役割の価値や自分と役割との関係を見いだしていく連なりや積み重ねが，『キャリア』の意味するところ」であり「社会の中で自分の役割を果たしながら，自分らしい生き方を実現していく過程を『キャリア発達』」（中央教育審議会，2011，17）とした。

　特別支援学校高等部におけるキャリア教育は『特別支援学校高等部学習指導要領』（平成21年3月告示）から位置づけられたが，職業教育を通して現場実習などの就業体験を実施し，子どもが主体的に進路選択できるよう組織的な進路指導を行うという側面に力点が置かれていたため，中教審は「幼稚園，小学校，中学校，高等学校及び特別支援学校の学習指導要領等の改善及び必要な方策等について（答申）」において「キャリア発達を促すキャリア教育の視点も重要である」と指摘した。

　これらの指摘を受け，平成31年版『特別支援学校高等部学習指導要領』では，総則の第5款「生徒の調和的な発達の支援」において，「生徒が，学ぶことと自己の将来とのつながりを見通しながら，社会的・職業的自立に向けて必要な基盤となる資質・能力を身に付けていくことができるよう，特別活動を要としつつ各教科・科目等又は各教科等の特質に応じて，キャリア教育の充実を図ること」とした。さらに，知的障害高等部の各教科である職業科では「生徒一人一人のキャリア発達を促していくことを踏まえ，発達の段階に応じて望ましい勤労観や職業観を育むとともに，自己に対する理解を深め，自らの生き方

第8章　学ぶことは自分をつくること

を考えて進路を主体的に選択することができるよう，将来の生き方等について
も扱うなど，組織的かつ計画的に指導を行うこと」とした。

　つまり，平成31年版の『特別支援学校高等部学習指導要領』におけるキャ
リア教育の特徴は，第一に職場体験活動などの固定的な活動をもってキャリア
教育とするのではないこと，第二に特別活動のホームルーム活動を要としなが
ら，総合的な探究の時間や学校行事，各教科・科目，さらに知的障害者である
生徒に教育を行う特別支援学校においては道徳科における学習，教育相談等の
機会を活かしながら，一人ひとりの社会的・職業的自立と自らの将来の生き方
・・・・・・・・・・
（傍点は筆者による）等についても扱うとしたことである。

## (2) 特別支援教育における「キャリアプランニング・マトリックス」の特
##     徴と課題

　キャリア教育に関して国立特別支援教育総合研究所（以下，特総研とする）は，
知的障害のある子どもの社会的自立や職業教育等に焦点を当てた研究に取り組
み，キャリア発達を支援する理論的枠組みの例として「キャリア発達段階・内
容表（試案）」（2008年）を提案した。しかし，「発達段階」や「内容」といった
文言が名称に使われていたことから「児童生徒の発達段階をチェックするため
の評価スケール」との誤解を生む等の問題が生じたとした。そこで，子どもの
キャリア発達をふまえた一貫性・系統性のある支援のための「見取り図」とい
う本来の趣旨をふまえ「キャリアプランニング・マトリックス（試案）」とい
う新たな名称に変更するとした（国立特別支援教育総合研究所，2011，44）。（以下，
「マトリックス（試案）」とする）

　「マトリックス（試案）」（図8-1）は，小学部・中学部・高等部における
「キャリア発達の段階」と「キャリア発達段階の解説と発達課題」を記してい
る。加えて，「職業的（進路）発達にかかわる諸能力」は，①人間関係形成能
力，②情報活用能力，③将来設計能力，④意思決定能力の4能力領域として，
各学校段階において育てたい力の観点を4能力領域と関連づけて配置している。

135

第Ⅱ部　子どもの学びをつくる授業の創造

（知的障害のある児童生徒の「キャリア発達段階・内容表（試案）」改訂版）

| | | 小　学　部　（小　学　校） |
|---|---|---|
| キャリア発達の段階 | | 職業及び生活にかかわる基礎的な能力獲得の時期 |
| キャリア発達段階の解説と発達課題 | | 未分化であるが、職業及び家庭・地域生活に関する基礎的な能力の習得と意欲を育て、後の柔軟性に必要な統合する能力習得の始まりの時期である。キャリア発達の視点からは、学校及び生活に関連する諸活動のすべてにおいて、遊びから目的が明確な活動へ、扱われる素材が身近なものから地域にある素材へ、援助を受けながらの活動から自主的・自立的活動へと発展しながら全人的発達をとげる時期であり、働くことに対する夢や意欲を育てる。 |
| 職業的（進路）発達にかかわる諸能力 能　力　領　域 | | 小学部段階において育てたい力 |
| 人間関係形成能力 他者の個性を尊重し、自己の個性を発揮しながら様々な人々とコミュニケーションを図り、協力・共同してものごとに取り組む。 | 具体的な活動を通して、自分や他者のよい点を知り、学校教育における諸活動をより良く展開していくために必要な人とのかかわりを形成するとともに、協力・共同して集団活動における役割を果たすための能力の育成に関する領域である。また、社会生活を送る上で必要となる適切な意思表現の力を高め、社会生活における様々な社会活動に参加するために、場や状況に応じて行動するための能力の育成に関する領域である。 | **人とのかかわり**<br>●自分の良さへの気づき　●友達の良さの気づき<br>**集団参加**<br>●大人や友達とのやりとりと集団活動への参加<br>**意思表現**<br>●日常生活に必要な意思の表現<br>**挨拶・清潔・身だしなみ**<br>●挨拶、身だしなみの習慣化 |
| 情報活用能力 学ぶこと・働くことの意義や役割及びその多様性を理解し、幅広く情報を活用して、自己の進路や生き方の選択に生かす。 | それぞれの職業が人々の生活にとって欠かせないものであることを実際的な活動を通して理解するとともに、自らにとって興味ある活動や職業等に関して様々な情報を収集し活用するための能力の育成に関する領域である。また、労働の対価としての報酬の価値に気づき、社会生活を営む上で必要なルールの理解とそれに沿って行動することや社会の様々な制度の理解とそれらを活用するために必要な能力の育成に関する領域である。 | **様々な情報への関心**<br>●仕事、働く人など身の回りの様々な環境への関心<br>**社会資源の活用とマナー**<br>●地域社会資源の活用と身近なきまり<br>**金銭の扱い**<br>●体験を通した金銭の大切さの理解<br>**はたらくよろこび**<br>●自分が果たす役割の理解と実行 |
| 将来設計能力 夢や希望を持って将来の生き方や生活を考え、社会の現実を踏まえながら、前向きに自己の将来を設計する。 | 職業に対する憧れをもち、様々な活動において達成感や充実感をもつ経験を積み重ねることを通して、新しい生活や働くことに期待をもつ。また、職業や社会の中で自立した生活を送るための必要な役割遂行の能力、及び職業生活に必要な習慣形成のための能力の育成に関する領域である。 | **習慣形成**<br>●家庭、学校生活に必要な習慣づくり<br>**夢や希望**<br>●職業的な役割モデルへの関心<br>**やりがい**<br>●意欲的な活動への取組 |
| 意思決定能力 自らの意志と責任でよりよい選択、決定を行うとともに、その過程での課題や問題に積極的に取り組み克服する。 | 選択肢の意味を理解して選択・決定することとともに、選択に伴って実行することを通して責任を果たすことの意味を理解する。また、課題解決する力を育てるために、自らの判断で目標を決めること、及び結果に対して自ら評価するための能力や、葛藤場面に対して様々な選択肢があることを理解し、より良い選択を目指す態度の育成に関する領域である。 | **目標設定**<br>●目標への意識、意欲<br>**自己選択**<br>●遊び、活動の選択<br>**振り返り**<br>●活動の振り返り |
| 知的障害の各教科の段階との関連 | | 教師の援助を受けながら体験し、基本的な行動を一つ一つ身に付けていく段階（小学部1・2段階）　　主体的に、社会生活につながる行動を身に付けていく段階（小学部3段階） |

（縦書き）幼児期からの遊びを中心とした発達全体の促進

**図8−1　知的障害のある児童生徒の「キャリアプランニング・マトリックス（試案）」**

出典：国立特別支援教育総合研究所
　　（https://www.nise.go.jp/cms/resources/content/119/B_career.pdf）

136

第8章　学ぶことは自分をつくること

国立特別支援教育総合研究所（2010）

| 中　学　部　（　中　学　校　） | 高　等　部 |
|---|---|
| 職業及び生活にかかわる基礎的な能力を土台に、それらを統合して働くことに応用する能力獲得の時期 | 職業及び卒業後の家庭生活に必要な能力を実際に働く生活を想定して具体的に適用するための能力獲得の時期 |
| 小学部段階で積み上げてきた基礎的な能力を、職場（働くこと）や生活の場において、変化に対応する力として般化できるようにしていく時期である。キャリア発達の視点からは、職業生活に必要な自己及び他者理解（自らのよさや仲間のよさ）を深め、実際的な職業体験を通じて自らの適性に気づき、やりがいや充実感の体感を通して、職業の意義、価値を知ることを学ぶ。自己の判断による進路選択を経験する時期である。 | 中学部段階で培ってきた能力を土台に、実際に企業等で働くことを前提にした継続的な職業体験を通して、職業関連知識・技能を得るとともに、職業選択、及び移行準備の時期である。キャリア発達の視点からは、自らの適性ややりがいなどに基づいた意思決定、働くことの知識・技能の獲得と必要な態度の形成、必要な支援を適切に求め、指示・助言を理解し実行する力、職業生活に必要な習慣形成、経済生活に必要な知識と余暇の活用等を図る時期である。 |
| 中学部段階において育てたい力 | 高等部段階において育てたい力 |
| 自己理解・他者理解 | |
| ●達成感に基づく肯定的な自己理解、相手の気持ちや考え、立場の理解 | ●職業との関係における自己理解、他者の考えや個性の尊重 |
| 協力・共同 | |
| ●集団における役割の理解と協力 | ●集団（チーム）の一員としての役割遂行 |
| ●社会生活に必要な意思の表現 | ●必要な支援を適切に求めたり、相談したりできる表現力 |
| 場に応じた言動 | |
| ●状況に応じた言葉遣いや振る舞い | ●TPOに応じた言動 |
| 情報収集と活用 | |
| ●進路をはじめ様々な情報の収集と活用 | ●職業生活・社会生活に必要な事柄の情報収集と活用 |
| | 法や制度の活用 |
| ●社会の仕組み、ルールの理解 | ●社会の様々な制度やサービスに関する理解と実際生活での利用 |
| 金銭の使い方と管理 | 消費生活の理解 |
| ●消費生活に関する基本的な事柄の理解と計画的な消費 | ●労働と報酬の関係の理解と計画的な消費 |
| 役割の理解と働くことの意義 | |
| ●様々な職業があることや働くことに関する体験的理解<br>●学校生活、家庭生活において自分が果たすべき役割の理解と実行 | ●職業及び働くことの意義と社会生活において果たすべき役割の実行 |
| ●職業生活に必要な習慣形成 | ●職業生活に必要な習慣形成 |
| ●将来の夢や職業への憧れ | ●働く生活を中心とした新しい生活への期待 |
| 生きがい・やりがい | |
| ●様々な学習活動への自発的な取組 | ●職業の意義の実感と将来設計に基づいた余暇の活用 |
| 進路計画 | |
| ●目標を実現するための主体的な進路計画 | ●将来設計に結びつく進路計画 |
| ●目標の設定と達成への取組 | ●将来設計や進路希望の実現を目指した目標の設定とその解決への取組 |
| 自己選択（決定・責任） | |
| ●自己の個性や興味・関心に基づいたよりよい選択<br>●進路先に関する主体的な選択 | ●産業現場等における実習などの経験に基づく進路選択 |
| 肯定的な自己評価 | |
| ●活動場面での振り返りとそれを次に生かそうとする努力 | ●産業現場等における実習などにおいて行った活動の自己評価 |
| 自己調整 | |
| ●課題解決のための選択肢の活用 | ●課題解決のための選択肢の活用 |
| 生活経験の積み重ねを考慮して、社会生活や将来の職業生活の基礎的内容を学ぶ段階（中学部1段階） | 卒業後の家庭生活・社会生活・職業生活などを考慮した基礎的内容から発展的内容を学ぶ段階（高等部1・2段階） |

※本試案における「能力」とは，competency のことを指す

第Ⅱ部　子どもの学びをつくる授業の創造

　そのうえで，特総研が「マトリックス（試案）」活用における留意事項とした内容の要約は以下の6点である（国立特別支援教育総合研究所, 2011, 46-47）。

①指導のあり方や授業等を見直すためのツールである。児童生徒の「できる・できない」について評価するためのものではない。
②連携・協働のためのツールである。
③キャリア教育でとらえる「能力」はabilityではなく，competency（ある課題への対処能力）である。「できる・できない」だけではなく「育成」の姿勢が重要である。
④「マトリックス（試案）」の各観点は，系列として横につながりがある。
⑤各観点は「人間関係形成能力」「情報活用能力」「将来設計能力」「意思決定能力」の4能力領域のいずれかに基づくものである。
⑥観点解説に示した指導内容（例）はあくまでも一例である。

　「マトリックス（試案）」の意義を2点あげるならば，一つ目は，知的障害のある児童生徒のキャリア発達を支援するための理論的枠組みを積極的に提起しようと試みたこと，二つ目は，理論的枠組みの提起によって各学校がキャリア教育の視点から教育課程の改善や評価などを行い，創造的な取り組みとしてのキャリア教育を推進しようとしたことである。
　しかしながら，課題点も見えてくる。第一には，「キャリアプランニング・マトリックス（試案）」へと名称を変えたとしても上述した留意事項が十分に認識されなければ「児童生徒の発達段階をチェックするための評価スケール」となってしまう危険性は常に持ち合わせていることである。第二には，「一貫性・系統性のある支援」としているが，4能力領域の各発達段階で育てたい力が固定的にとらえられている点である。
　たとえば，小学部段階で育てたい力としての「人間関係形成能力」は「人とのかかわり」としており，それが基盤となって中学部・高等部では「自己理解・他者理解」が加わる。しかし，中教審の提起するキャリア発達の意味を鑑

みるならば，小学部段階でも「自己理解・他者理解」の力を育てることは必要だろう。育てたい力（観点）ありきの授業づくりや授業改善が進められるならば，子どもの願いや実態が置き去りにされ，意味ある自分づくりにつながらない。

一方で，「マトリックス（試案）」も子どもの願いをないがしろにしているわけではない。「本人の願い」はキャリア教育の中核であり，個別の教育支援計画に明確に位置づけるために「本人の願い」を把握することと，「保護者の願い」「教師の願い」もつかみながら個別の教育支援計画をつくるとしている。しかし，現状の個別の教育支援計画は教師による作成・提案が主であるために，次の4点の課題があるとした（国立特別支援教育総合研究所，2011，116-117）。

①「願い」欄はあるが，「本人の願い」欄を設けていない。
②「願い」が具体的に記述されていない。本人の願いになっていない。
③「願い」として記述されていることの時間的位置づけが統一されていない。
④「願い」が就職先等，卒業後の「場」であることが多い。

これらの課題をふまえて，特総研は「本人の願い」の把握と「本人の願い」欄を有効活用するための「本人の願いを支えるシート」（国立特別支援教育総合研究所，2011，117）の様式を開発した。ただし，願いの聴き取られ方が職業，就労や進路に限定されることがないように留意する必要があるだろう。

特別支援教育におけるキャリア教育の中核として「マトリックス（試案）」を位置づけている特別支援学校は一定数あるが，「職業的（進路）発達にかかわる諸能力」の育成，すなわち職業，就職，進路のためのキャリア教育に偏った実践も少なくない。マトリックスに従って子どものキャリア発達の道すじを固定的にとらえて実践することや，就職を意識した正しい子ども像ありき，あるいは育てたい力ありきのキャリア教育では，子どもにとって意味ある自分づくりにはならない。子どもの実態をもとに，子どもの思いが丁寧に聴き取られる中で，その子らしい生き方が追求できる自分づくりのあり方が問われている。

第Ⅱ部　子どもの学びをつくる授業の創造

## 3．竹内常一の生活指導論から学ぶ「自分づくり」の教授学的視点

　竹内常一（1935-2020）は，生活指導論において民主的・自治的子ども集団づくりの理論を牽引した代表的研究者の一人である。竹内は，集団づくりにおける民主的人格の形成について論究し，「人間は所与の集団生活を前提とし条件としながらも，これに変更的に働きかけていくことをつうじて人格を形成していくもの」（竹内，1995a，324）として子どもの自己実現としての人格的自立を求めた。

　特別支援教育では第2節において確認したように，自分づくりとしてのキャリア発達が「自分らしい生き方を実現していく過程」（中教審）の追求というよりも，依然として職業や就労に適応するための自己実現として限定的なとらえられ方であることが少なくない。そこで本節では，竹内の生活指導論から特別支援教育においても引き取るべき自分づくりの教授学的視点を整理したい。

### (1) 自己実現過程における自己の解体と再編成
　　　――「自分くずしと自分つくり」

　竹内は，学級に必ずいるとされる行動面で思いがけない問題傾向を示す子どもに対して，その行動は一時的な心得違いから生じた違反行為ではなく，その子どものそれまでの生活，人間関係のゆがみ，人格発達のもつれから生じており，かなりの期間繰り返される行動のみだれととらえることが必要だとした。

　加えて，行動のみだれを示す子どもが抱えている人間関係のゆがみと人格発達のもつれによって，子どもの自己・自我が抑圧，抑制されて自己実現が妨げられていると竹内は指摘する。たとえば，安定した他者をもてないために，自我を確定できず防衛的な社会的自己をつくる者，支配的な他者を抱えていたために，自我を自立させることができないまま権威服従的な社会的自己をつくる者，拒否的な他者を抱え込んでいるために，見かけはまじめだがキャラクター

140

第8章　学ぶことは自分をつくること

のない社会的自己をつくる者等がいるとした（竹内, 1995b, 228）。

　しかし竹内は，非我として意識下に押しやられた自己にしろ，抑制され続け
てきた自己にしろ，いつまでもそのままでいるはずはないとする。竹内は，子
どもが上述したようなこれまでつくられてきた社会的自己に抗し始め，意識下
に押しやられたり，抑制されたりした自己の存在を主張し始めることで，これ
までの自己を解体し（＝自分くずし），再編しよう（＝自分つくり）とすると指摘
した。ときにそれは他者への暴力的な行動や逸脱行動として表出することがあ
るが，子どもは自己の解体と再編成を受け入れてくれる他者を求めていると指
摘した（竹内, 1995b, 229）。それゆえに，このような子どもに対する取り組みと
して以下が必要だとした。

　　　行動のみだれを封じこめることではなく，子どもとともに，またかれを
　　とりまく人びととともに，かれの人間関係のゆがみと人格発達のもつれを
　　解決していくことである。いいかえるならば，行動のみだれ，人格発達の
　　もつれ，人間関係のゆがみの三つの局面を串刺しにするような取り組みを
　　展開し，そのなかで子どもの生活と生き方の方向を転換していくことであ
　　る。（竹内, 1995b, 220）

　すなわち，人間関係のゆがみと人格発達のもつれのある子どもが引き起こす
行動のみだれに対して，問題行動としてその現象面だけを見てそれを封じ込め
ようとする管理的で一方的な指導は意味をなさない。そうではなく，子どもの
自分づくりには何らかの形で自己の解体と再編成が起こることを認識する必要
がある。そのうえで，子どもの自己の解体と再編成の過程に，まずは教師が共
感的で共存的な他者として立ち現れ，働きかけていくことが不可欠である。加
えて，問題とされる行動だけに着目するのではなく，背景にある人間関係のゆ
がみと人格発達のもつれを当該の子どもとともに，またその子どもを取り巻く
他者とともに解決していくことを通して，子どもの生活と生き方を転換してい
くのである。これらは，障害のある子どもの自分づくりにおいても重要な視点

第Ⅱ部　子どもの学びをつくる授業の創造

である。

## (2) 子どもを他者と世界につなぐものとしてのケアの視点

　竹内は，「競争と排除，『いじめ』という『迫害』，『家庭内暴力』という『虐待』，『ネグレクト』という『棄民化』，そして貧困と未来展望の不確かさの広がりと深まりのなかで，生徒たちが自己と他者，自己と世界に対する『基本的信頼』をもつことができなくなっている」(竹内，2016，95) と指摘する。

　上記の指摘に表れている子どもの生きづらさは，障害のある子どもにとっても他人事ではないはずである。障害による困難さが容易には理解されない中で，他者からの迫害や差別と偏見にあったり，ときには家族や大人から虐待されたりという問題状況が今日において確認されるからである。

　こうした子どもの生きづらさに対して竹内は，「ケア」の重要性を提起する。竹内は「ケア」とは「『呼びかけ』と『応答』のなかで自己と他者が出会うこと」(竹内，2012，74) であり「ひそかな自己実現の試み，自分の生命を開こうとする他者の試みに敏感になり，それに応答すること」(竹内，2016，112) だとした。

　つまり，「ケア」という行為は「他者に応答する責任 (responsibility) がすべての人にあるとするという倫理に立つもの」(竹内，2016，96) として，子どもの自分づくりの過程における「呼びかけ」としての声にならない声まで含んだ子どもの「声」を聴き取り，それに「応答する責任 (responsibility)」が教師にあることを示している。

　では，子どもへの「ケア」として教師はどのように応答するのか。具体的な応答の仕方は個々の教師に委ねられるものとしても，「他者の生命の『現れ』に応答し，それに参加することをつうじて生きるに値する世界を他者とともに編み上げていくこと」(竹内，2016，112-113) とした視点は「ケア」を実践するうえで欠かすことはできないだろう。子どもの喜び，生きづらさに触れることや，思いや願いとしての「声」を丁寧に聴き取りながら子どもとともに生きるに値する世界づくりに参加していくものとして「ケア」をとらえることが重

142

要である。

一方で，竹内は，教師が「ケア」として他者（＝子ども）の自己実現の試み
に応答することができるようになるためには，「ケアするものが自己の自己実
現の試み，自己の生命の開かれ方に敏感であり，応答することができるもの，
すなわち，自由であるものでなければならない」（竹内, 2016, 113）とした。

つまり，教師自身が自己に応答する＝自己をケアすることも重要なのであ
る。自己をケアすることについて竹内は以下のように説明する。

　　　自己をケアするということは，選択を前にして思い迷う自己をどう受け
　　容れ，どう引き受けるのか，その自己にどう応答責任を取り，自己の自由
　　を実現していくのかということである。私たちはそうした自己へのケア
　　をつうじて，他者のケアへと進みでるのである。つまり「自分を大切に
　　する」ことをつうじて「他者を大切にする」ことに進み出る。（竹内, 2016,
　　114）

それゆえ，自己をケアすることを知っているもの＝教師は，子どもへの応答
としての「ケア」を通じて，ケアされるもの＝子どもに，自分自身をケアする
「自己のケア」を教えることが求められる。

つまり，子ども自身が「自己の生命に敏感であり，応答することを，さらに
は他者とともに共生の世界を編みあげていくこと，他者とともに平和である世
界を立ちあげていく」（竹内, 2016, 113-114）とした自己をケアするちからを子ど
もに育てるのである。このように，「自己のケア」を子どもの内に育てる視点
と子どもからの呼びかけに応答する「他者のケア」の視点の両方を子どもの自
分づくりの過程に位置づけることが不可欠である。

## (3) 教科における「自分づくり」の視点

平成31年版『特別支援学校高等部学習指導要領』において，キャリア教育

第Ⅱ部　子どもの学びをつくる授業の創造

は特別活動を要としつつ各教科・科目等または各教科等の特質に応じて充実を図るとしたことを鑑みるならば，教科教育におけるキャリア発達＝自己形成のあり方を検討することは急務の課題である。

　竹内は，教科指導を「一般に知識の教授をつうじて子どもの知性を発達させていくものといわれるが，それは既成の知識を子どもに注入するものでもなければ，一定の知的操作を反復訓練させるものでもない。それは子どもの生活認識や主体的真実に根ざし，かつそれらを客観的なものに発展させていくというすじみちにおいて，知識を子どものなかに内面化していくもの」（竹内，1995a，327）としてとらえた。さらに，「知的認識に裏づけられた自主的判断がより広い社会的関係を展望しつつ，社会にとって共通の善とは何かを追求していくように指導していくことを課題としている」（竹内，1995a，327）とした。

　そのうえで，教科外における訓育が自主的活動の組織化と自治的能力の訓練を通じて民主的人格の形成に取り組むものであるとするならば，教科における訓育は，まずは科学的知識の内面化による知性の訓練を通じて民主的人格の形成に取り組むものだとした（竹内，1995a，327）。

　竹内の指摘する知性の訓練とは，概念や法則の形式的操作に習熟させることではなく，科学的知識を活用して社会の民主的改造や歴史の民主的創造のすじみちをたえず追求していくような知性の訓練のことを意味する。さらに竹内は，このような知性の訓練を内包する教科指導は，「社会の民主的改造や歴史の民主的創造という全体像認識を子どものなかに形成し，その全体像認識のなかで自分の生き方を選択し，自己を方向づけていく自主性を子どものなかに育てていくのである」と指摘した（竹内，1995a，328）。

　すなわち，教科指導における自分づくりの視点として重要なことは，一つには，子どもたちが習熟した概念や法則，科学的知識を活用することで既存の社会を問い，その民主的改革と歴史の民主的創造に参加することを志向し続けることである。二つには，社会の民主的改革と歴史の民主的創造に参加することを通じて，自己の生き方を選択し，自己を方向づけていく自主性＝自分づくりのすじみちを子どもの中に育てていくことである。

第8章　学ぶことは自分をつくること

　知的障害児の教科教育では特に，生活に直結することや生活に役立つ知識と技能の習得に偏重する傾向も少なくない。そのため，教科における訓育（＝人格形成）の意義を特別支援教育にあらためて位置づけていくことは，今後ますます重要となるだろう。

## 4．学ぶことは自分をつくること
### ――子どもの願いと実態から出発する実践から学ぶ

### (1)「自分づくり」を教育課程の中心に位置づける

　ここでは，教育課程において「自分づくり」を明確に位置づけている鳥取大学附属特別支援学校高等部（以下，鳥取特支とする）の教育実践を取り上げる。
　鳥取特支は教育目標を，「楽しい学校生活の中で，『自分づくり』を基盤として一人一人の力を精一杯伸ばし，働くことに喜びをもち，社会の一員として生きる人間を育成する。『豊かな心をもち，生活を楽しむ』」（川井田・鳥取大学附属特別支援学校, 2023, 12）としている。
　鳥取特支における「自分づくり」とは，「自らの心を循環させる内面の自己運動によって，児童生徒学生自身が自分をつくりあげていくこと」（川井田・鳥取大学附属特別支援学校, 2023, 12）を意味するとした。一人ひとりが「気持ちを循環させながら自己肯定感を膨らませていく内発的で主体的な内面の動き」（川井田・鳥取大学附属特別支援学校, 2023, 13）を「自己運動」としてとらえ，内面の「自己運動」が循環していること＝「自己運動サイクル」が大切だとして以下のように述べている。

　　　自己運動サイクルの中で，「やってみたい」「できるようになりたい」というあこがれや願いがあると，「やるぞ！」と取り組む主体的な自我・自己の発揮につながる。取り組んだ結果として，他者と共感関係を築きながら達成感や成就感を味わえると，自己肯定感を得ることにつながる。自分

第Ⅱ部　子どもの学びをつくる授業の創造

のよさに気づいたり安心感がもてたりすると，その気持ちが次のあこがれ
やくじけずにがんばれる自分をつくりあげていくことになる。このように
内面の自己運動が循環していることが，「自分づくり」につながる姿であ
る。（川井田・鳥取大学附属特別支援学校，2023，14）

　ただし，鳥取特支では，内面の自己運動は生活の中で，ときに滞り，葛藤を
抱えることによりいつも循環しているとは限らないととらえられている。それ
ゆえに，「発達的な視点と照らし合わせて，行きつ戻りつしながら歩む児童生
徒学生の内面をとらえることが，授業づくり・生活づくりや支援のあり方の検
討につながっている」（川井田・鳥取大学附属特別支援学校，2023，15）とする視点
が欠かせない。
　ほかにも，児童生徒学生の発達の特徴を理解するものとして「自分づくりの
段階表」がある。それは，各発達段階の「自分づくりの段階」「具体的な姿」
「めざす楽しむ姿」「大切なこと・支援」が表として記載されている。留意すべ
き点は，児童生徒学生を発達年齢に当てはめて実態把握しようとするものでは
なく，あくまでも指導支援を導くために自分づくりの段階を明らかにするこ
と，発達の道すじの中でどのようなことを大切にするのかを理解するための
ツールとして活用するとしている点である（川井田・鳥取大学附属特別支援学校，
2023，17）。
　たとえば，14～16，17歳の「自分づくりの段階」は「『価値的自立』のはじ
まり」であり，その「具体的な姿」は「大人社会の価値ではない，自分たちの
価値を創造しようとする」として，そこから「めざす楽しむ姿」は「自己発見
に喜びを感じる」「自分なりの価値や思いをもって主張し，行動につなげる」
とある。それらをふまえた「大切なこと・支援」は「一人の仲間として，理想
像，価値観，目的意識等について語る」「自己の内面のよき変化に気づき，未
来のよき自分へと変化していく自信につながるようにする」こととしている
（川井田・鳥取大学附属特別支援学校，2023，18-19）。
　特総研の「マトリックス（試案）」が「キャリア発達」の段階を「職業的（進

路）発達にかかわる諸能力」とする限定的なとらえ方で各段階の発達課題と育てたい力を示していたのに対し，鳥取特支の「自分づくりの段階表」は，子どもの全面発達としての発達課題や発達のめやすを網羅するものという点において異なる。

　高等部本科では「いろいろな場面で生徒自らが自分の姿や思いにしっかりと向き合いながら自己理解を深め，自分で選び，決めていくこと，自分でやり遂げていくこと」（川井田・鳥取大学附属特別支援学校, 2023, 115）が大切だとしている。

　実践では，バスケットボールの学習で練習には参加するものの，ゲーム形式になると体育館から逃げ出したり，その場で動きが止まってしまったりする小雪さん（仮名）に対して，教師が「一緒にやろう」と誘う中で，バスケのゲームに取り組む友だちの様子を見ながら少しずつ参加し，「『できる自分−できない自分』に揺れ動く中で，様々な練習に取り組み，周りの励ましを受けながら，少しずつ『失敗してもやってみよう』『初めてだけどやってみようかな…』と前向きに取り組めること」（川井田・鳥取大学附属特別支援学校, 2023, 123-124）が増えていく姿が記録されている。ほかにも，作業学習や「一人暮らし体験」，ステージ発表などの学習と活動の中で，できる自分とできない自分，あこがれや期待と不安などを行きつ戻りつしながらも小雪さんを励まし支えようとする仲間や教師等の存在を支えに「自分づくり」に挑む小雪さんの姿が描かれている（川井田・鳥取大学附属特別支援学校, 2023, 124-129）。

　この事例から示唆されるのは，「自分づくり」の過程には「できる自分−できない自分」の間で揺れ動いたり，あこがれや期待と不安などを行ったり来たりすることが必ずあるということ，その行きつ戻りつする自己を励まし支える他者の存在が「自分づくり」には不可欠ということである。

　鳥取特支では，「自分づくり」に不可欠な「自己運動のサイクル」の土台に，「人との関わりの中で」が位置づけられ，重視されている。つまり，「自己運動のサイクル」が循環する「自分づくり」のプロセスにおいては第一に，うまくできない自分，葛藤する自分を励まし支えてくれる仲間や教師の存在が欠かせ

第Ⅱ部　子どもの学びをつくる授業の創造

ないこと，第二に，他者の存在を支えにして自己のあこがれや願いを実現すること，第三に，その達成感や成就感を仲間とともに喜び合うことで自己の内面の育ちを確かなものとすること，これらの視点を教育課程の中に明確に位置づけることが重要として示されている。

## (2) 知的障害児の教科学習を通しての自分づくり

　ここでは，京都府立与謝の海支援学校高等部の教諭である塩田奈津の理科・社会科の教科学習の授業実践を取り上げる。塩田が教える子どもは，学校の中で最も知的障害が軽度ではあるが，地域の学校で居場所のなさに苦しんでいた生徒たちである。その生徒たちが教科学習において友だちとともに学ぶ中で自己を客観的に見つめ，自分を変えていこうとすることを支え，励ます授業実践である。

### ①自分づくりとしての新たな価値観や考え方に出会う教科学習

　塩田は授業において「自然や社会に目を向け，知識や経験を広げていくとともに，科学的・社会的な物の見方や考え方を養っていく」ことを指導目標としている（塩田，2022，37）。知的障害児教育における教科学習では「生活に役立つものを」という雰囲気が強くある。塩田自身もその意識はあり，教科学習が生徒の生活に結びつくことは大切だとしている。しかしながら，それ以上に教科学習は「子どもたちの心に世界を見るための新しい窓を開くためのもの」（塩田，2020，41）であり，「『今，ここ』にいる子どもたちが求めている経験や文化，真理は何なのかを考え，人類が積み上げてきたその一端を伝え，ともにそれを担おうとする，もっと有機的で楽しい，ダイナミックな取り組み」としてとらえ，教科学習を構想し実践している。

　歴史の授業では，歴史上の人物や出来事を単に伝えるのではなく，その時代の人々の暮らしがどのように移り変わってきたかを知り，人々の思いを想像することや，今の自分の価値観が絶対的なものではないと感じられることを授業

148

づくりの視点としている。たとえば，歴史学習で全体の流れを押さえようとするとき，為政者の視点のみを取り上げがちだが，侵略を受けた側からの視点や多くの民衆の側の暮らしや視点も伝えたいとする（塩田, 2020, 42-43）。

　歴史上の出来事は，立場や視点が変われば，当然その受け止め方や意味が異なる。一方の立場・視点からのみでとらえるのではなく，複数の異なる立場・視点から物事をとらえられるものの見方を育てようとしているのである。

　ほかにも，現在起きている問題にはそこにつながる事象があり，物事の連関を考えることができることが，歴史を学ぶ意義と塩田はとらえている（塩田, 2020, 43）。現在起きているさまざまな事象に対して，その事象の現在をとらえるだけではなく，過去とのつながりも考えながら事象をとらえていくという，つながりの中で物事をとらえる見方・考え方を育てようとしているといえる。

　また，環境学習では，気候変動問題への運動を起こした海外の高校生が，国連気候行動サミットに出席し，大人たちに対して鋭い怒りを表明する映像を教材として位置づけた。その意図は，「未来を生きる世代にこの問題を知らせる義務がある」と塩田自身が考えたことと，大人や教師の話をよく聞き，ともすれば素直すぎると感じる生徒たちに，同世代の若者が大人に鋭い怒りを表明する映像を視聴させることで，「もっと怒っていい」「理不尽なことを飲み込まなくてもいいんだ」ということを，サミットに出席した海外の高校生の姿を通して伝えられるとして考えたことである（塩田, 2022, 39）。

　塩田の実践からは，目の前にいる子どもたちの実態を出発点として教科の授業を構想し，子どもたちの価値観とは異なる価値観や生き方をしている具体的な他者に出会わせることで，自分づくりのプロセスに欠かせない子どもの現在の価値世界を新たな価値世界へと開こうとする教材づくりの視点が示唆される。


## ②「知」の追求が自己の生き方を開く教科学習

　塩田は，「自分を見つめ，社会の中でどう生きていくのか，誇りある生き方を見つけること——これが発達段階9歳を超えた青年期の人たちの大きな課題

第Ⅱ部　子どもの学びをつくる授業の創造

だ」（塩田, 2020, 45）とする問題意識をもつ。

　そこには，政治や経済，社会の動向によって世界は大きく変化し，その変化と子どもたちの生活は決して切り離されたものではないため，変化に接したときにそこに飲み込まれ，振り回されていくのか，なぜその変化が起きたのか背景や理由を知り，自分の意見をもって対峙していくのかでは，大きな違いがあるとする塩田の考えがある。それゆえに，塩田は「知ることは力」だとする（塩田, 2022, 50）。

　たとえば，環境問題について考える授業（社会科）では，地球温暖化とプラスチック問題を学習テーマとして，地球温暖化とは何か，その原因と影響，気候変動問題，温暖化問題の解決方法の模索，プラスチック問題とその解決に向けて子どもたちとともに知を追求している。

　レジ袋有料化に対して憤っている1年生の生徒に対して，プラスチック問題や気候変動の学習をした2・3年生は「プラスチックを減らすため」と理由をきちんとわかって受け止めていたとある。この生徒たちの様子について塩田は，レジ袋有料化に対して憤りを表明していた1年生の感情もかけがえのない貴重なものとしつつも，一方的に不利益を受ける客体としての怒りのように感じると指摘する。それに対して2・3年生は，レジ袋有料化の背景や理由を知っており，その変化を受け入れることを知りつつなお「どこまで意味があるのか」「生活に困る」といった怒りを表明することができるとした。そこには社会の主体者としての選択があるといえると塩田は指摘する（塩田, 2022, 49-50）。

　塩田の授業は，生活の中に起こる変更を単純に便利か不便か，損か得かという尺度で判断するのではなく，変更の背景にどのような問題や課題があるのか，その解決の方法に対して知を追求する中で，子どもとともに模索することに力点がある。すなわち，自己の生きる世界について知り，そのうえで自分の考えや意見を表明し，行動を選択しようとする，まさに自己の生き方を開く学習として教科学習を深めているといえよう。

　特別支援学校における学習は，生活に直結し，生活に役立つ知識・技能，あるいは，職業，就労に結びつく知識・技能という学習に特化することが少なく

ない。それゆえに，授業において新たな価値観や考え方を広げ，他者や世界と出会うこと，子どもとともに知を追求する教科学習を媒介とした自分づくりの方法論をいっそう追求していくことが今後の課題である。

［文献］

・川井田祥子監修，鳥取大学附属特別支援学校著（2023）『「自分づくり」がひらく未来——子どもの願いを支える教育課程の創造』クリエイツかもがわ.

・国立特別支援教育総合研究所編著（2011）『特別支援教育充実のためのキャリア教育ガイドブック』ジアース教育新社.

・子どもの権利委員会（2019）「日本の第4回・第5回統合定期報告書に関する総括所見」.

・塩田奈津（2020）「特別支援学校高等部の教育実践 知的障害のある生徒に教科学習を——理科・社会科の授業を通して子どもたちに伝えたいこと」.『障害者問題研究』第48巻第1号，40-45.

・塩田奈津（2022）「社会をつくるのはあなたたち——理科・社会科での環境教育」. 丸山啓史編『障害のある若者と学ぶ「科学」「社会」——気候変動，感染症，豪雨災害』クリエイツかもがわ，36-65.

・竹内常一（1995a）『竹内常一 教育のしごと 第1巻 生活指導論』青木書店.

・竹内常一（1995b）『竹内常一 教育のしごと 第4巻 子ども・青年論』青木書店.

・竹内常一（2012）「子どもと出会う——発達障害の子どもと生きる」. 竹内常一・佐藤洋作編著『教育と福祉の出会うところ——子ども・若者としあわせをひらく』山吹書店，66-85.

・竹内常一（2016）『ケアと自治 新・生活指導の理論——学びと参加』高文研.

・中央教育審議会（2011）「今後の学校におけるキャリア教育・職業教育の在り方について（答申）」.

・文部科学省（2019）『特別支援学校高等部学習指導要領』（平成31年2月告示）.

## 第9章

# 学びを問い続ける教師になる

❖

### 吉田茂孝

---

**【要旨】**

　この章では，実践記録を書くことと読むことを通して学びを問い続けることに焦点を当てる。今日，定められた手順や指導案どおりに授業をスムーズに終わらせることなど，教師が想定した枠内に子どもを導く学びが試みられる。こうした学びを問うことができない背景を提起しつつ，実践記録を書くことと読むことに着目して，自らの現場において子どもたちと向き合い，記録を書き留め，読むことを通して，教師として学びを問い続けることについて考察する。

---

## 1. 学びを問うことができない背景

　特別支援教育の授業実践では，授業中の子どもの様子や実態と向き合うよりも，定められた手順や指導案どおりに授業をスムーズに終わらせることなど，教師が想定した枠内に導く授業が見られる。ベテランの先生にうかがうと，特に若手の先生は，その理由として子どもに失敗させられないことをあげていた。

　こうした背景として，「自閉症児者は○○という特徴をもつからそのように行動する」といった，障害特性への当てはめにとどまっているものがよく見られることに加え，その場合，支援が障害特性に応じたハウツー的な方法の強調になりがちであることが考えられる（別府，2009，5参照）。このように，特別支援教育では，障害特性から導き出される対処法が注目されていることがわか

る。原則として障害特性をふまえた指導は必要である。けれども，「自閉症児は○○という特性があるので△△と行動してしまう。だから，□□を支援に取り入れよう」といった行動面に対する対処法ばかりが注目され，マニュアル化した方法から離れられなくなってはいないだろうか。

今日の授業実践は，授業中の子どもの様子や実態と向き合うよりも，定められた手順や指導案どおりに授業をスムーズに終わらせることをはじめ，障害特性への当てはめのようなマニュアルから離れられない授業を生み出す，教師があらかじめ想定した枠内に導く学びを目指すことになってしまっているのである。そのため，目の前の子どもは「何に困難を感じ」「何が必要なのか」といったことを共感的に理解しようとすることが困難になってしまい，その結果，目の前の子どもにとって，どんな学びが求められるのかを問うこと自体，気にかけられなくなってしまうのではないだろうか。

もちろん，あらかじめ想定した枠内に導く学びに問題がある一方で，ふだんの学校生活で子どもたちと関わりながら，子どもの実態を把握し，実践を問う以下のような実践現場からの報告も存在する。

　　　当たり前のことのように思われますが，泣く姿，怒る姿，笑う姿，真剣な姿，戸惑う姿など，子どもたちは本当に多くの姿（＝学び）を見せてくれます。その一つひとつに「なぜこの子はこのような状態なのだろう」「この子の今の気持ちはどのようなものだろう」といった問いを持ち，その答えを考えていくことが実態を把握するうえで重要だと考えます。（佐藤, 2013, 107）

そこで，学びを問い続ける教師になるために，本章では，実践記録に着目して検討する。実践記録を書いたり読んだりすることは，教育学における「理論－実践」の関係を問う問題につながる。実践記録に着目し，そこから教育の方法を導き出そうとすることは，これまでも議論されてきた。けれども，今日では，実践を記録し，同僚からの問いかけを介して，実践を深めるような試み

153

第Ⅱ部　子どもの学びをつくる授業の創造

は，学びを問うこと自体気にかけられないため，継承されにくくなってきているのではないだろうか。

　マニュアル化された内容を無批判に受容するのではなく，自らの現場において子どもたちと向き合い，関わりながら学びを問い，書き留めた記録を持ち寄り，議論することを通して，教師として学びを問い続けることが求められる。そこで，以下では，実践記録を書くこと，実践記録を読むことに注目する。

## 2. 実践記録を書くこと——問いの生成と問いの明確化

### (1) 気になることを書くことで気づく教育的価値と問いの生成

　今日，教師や学校の役割が，「教師が知識をどう教えるか」といった「教え」から「子どもたちの学びをどう育てるのか」といった「学び」へと転換している（汐見，2021，56-58参照）。こうしたなか，「特別支援教育において求められる学びとは何か」「目の前の子どもにとって必要な学びとは何か」など，当然のように学びを問うことが求められている。けれども先述したように，学びを問うことができない背景が存在する。

　そこで，少しでも実践を記録することを提案したい。というのも，気になることや日々の実践を記録しておくことは，同僚に相談するために，またはちょっとした時間に話すために，さらにはいろいろな人と共有するために記録が必要だからである。こうして記録をとりながら，子どもたちの学びに対する問いを考えていくことになる。

　こうした記録は，教師自身の子ども理解が描かれることになるのはもちろん，教師自らの刻々の教授行為をするときの教師の判断についても書くことで学びを問う転機をつくり出してくれる。たとえば，子ども理解の文脈において，福井雅英は以下のように述べている。

154

第9章　学びを問い続ける教師になる

　教師なら，気になる子どものようすはなにがしか目に入る。そうした「気になる」というときに，「なぜ気になるのか」と考えるようにするのである。その時点で教師が明確には分析できなかったにしても，こういう学級にしたいとか，自分の教育的な目標とか願いとか，何か伏在しているその触角にふれるということだろう。そう考える故に，気になる根拠がすぐに探り当てられなくても，気づきを語り，気になることをメモして積み上げるのである。その努力の中から，やがて自分が何を気にしているのかということが浮かんでくる。気になることをあげてみると，自分がいちばん大事にしている教育的価値に自ら気がつくということがある。(福井, 2013, 75)

　このような主張にもあるように，教師は実践の中で気になることが生じ，メモをしたり，同僚に語ったりしながら積み上げる。それは，教師自身の教育的価値とすり合わせながら，時間をかけて分析し，問いを生成していくことにつながるのである。

## (2) 実践記録を書く意義

　それでは，問いを生成していくために，ふだんから実践の記録を書くためにどのようなことに注意する必要があるのだろうか。ここでは，藤田和也 (2013)の論考から以下の2点に焦点を当てて考察する。

### ①授業過程における刻々の子どもの把握と働きかけの関係
　特別支援教育では，障害特性やアセスメントの結果から導かれる対処法に基づいたマニュアルやプログラムなどが，望ましいと考えられる学びに早くたどり着かせるために開発されている。けれども，アセスメントなどの判定結果と教師自身の受け止めている子どもの把握との違いを感じながら，教師が実践している場合もある。もちろん，日常的に関わっている教師の子どもの把握がい

155

第Ⅱ部　子どもの学びをつくる授業の創造

つも正しいといっているわけではない。また，アセスメントの判定結果がいつも正しいといっているわけでもない。ただ，教師は授業の中で刻々に変わる子どもの姿から，子どもを把握し，それに対して働きかけを考えなければならない。また働きかけた後にも，子どもを把握し，次の働きかけも考えていくことが求められる。

　こうしたことに対して，藤田は「実践記録を書くということは，『書くことを通して自らの子ども理解（対象認識）とはたらきかけ（実践的行為）を振り返り（対象化し），それによって，子ども把握→はたらきかけ→より確かな子ども把握と教育認識→より的確なはたらきかけ，という螺旋状の回転運動をしながら，教師としての実践力量を自己形成していく方法』であるということができる」（藤田, 2013, 217）と述べている。実践記録を書くことによって，そうした子どもの把握と働きかけが相互に深まり，実践の力量を高めていくことになる。問いを生成するためにも，授業過程における刻々の子どもの把握と働きかけの関係を理解することは重要である。というのも，教師自身の子どもの把握と働きかけのズレによって，この働きかけは「有効であった」「有効でなかった」といったことが明確になるからである。

## ②書くことを通して振り返ることで問いが生成される

　校内授業研究において，研究授業が実践され，その後，研究授業についての協議会が行われることは，多くの学校で試みられている。その場合，多くは，校内であらかじめ設定された研究仮説に基づいた協議になっている。ここで注目したいのは，むしろ，授業過程における刻々の子どもの把握と働きかけである。藤田は，Ｄ・Ａ・ショーン（Schön, D. A.）（ショーン, 2007）のreflection-in-practice（実践の中の省察）をふまえながら，「教師もまた教育実践という行為の中で省察しながら行為にまつわる認識を新たにし，関わり方やはたらきかけ方を進化させていく」と述べている（藤田, 2013, 218参照）。つまり，授業過程における刻々の子どもの把握と働きかけに注目しているのである。

第9章　学びを問い続ける教師になる

　こうしたことへの注目は，先述したような教師があらかじめ枠内に導く学び
ではなく，刻々に変わる子どもたちと対話しながら授業を展開させることにつ
ながる。その結果，子どもとともにつくり上げる豊かな学びが成立するのであ
る。この点で以下の藤田の主張は子どもとともにつくり上げる豊かな学びを問
ううえで示唆的である。

　　実践記録を書くという作業は，自らの行為や判断や観察を書き言葉に置
　き換えていく作業である。自分が何をしたのか，なぜそうしたのか，そこ
　で何を考え，何を判断したのか，自分がとらえた子どもたちのようすや反
　応，その時に感じ取ったその場の雰囲気等々について，自分なりの記憶
　や感覚に合った言葉を選びながら，その時に自分が感じ取っていた状況描
　写のしかたで記述していくことになる。その作業は，単なる記憶の呼び戻
　しにとどまらず，それに書き言葉を付与して（当てはめて）いく作業であ
　るから，振り返りがより厳密になり，その時（実践の最中やその直後）に起
　こった事態や情景，その時の自分の気づきや思いや感情を自分なりに確か
　めることになる。(藤田, 2013, 218)

　すなわち，藤田の主張は，一見授業後の振り返りのように見えて，実は実践
の最中やその直後に起こった事態や情景，そのときの自分の気づきや思いや感
情を自分なりに確かめることにつながるというのである。そこで重要なのが，
「自らの行為や判断や観察を書き言葉に置き換えていく作業」「自分なりの記憶
や感覚に合った言葉を選びながら，その時に自分が感じ取っていた状況描写の
しかたで記述していくこと」である。それは，振り返りを厳密にしていくこと
である。
　こうした実践記録を書くことを通して振り返ることは，同時に，「自分が何
をしたのか，なぜそうしたのか」といった問いを明確化することにもつながる
のである。

157

第Ⅱ部　子どもの学びをつくる授業の創造

## (3) 実践記録を書く際の留意点

　ただし，問いの生成へ向けて実践記録を書く場合，留意すべき点がある。ここでは以下の2点について考察する。

　第一に，日常の記録ではなく，教師の問いを反映した記録を書くことである。実際の子どもの姿や行動など事実の経過や結果を丁寧に書くことは，「個別の教育支援計画」などの作成や改訂に向けても重大な意味をもつ。ただし，実践記録には，業務上の記録とは異なり，実践者の思い，意図，問題意識といった問いを生成することにつながるものが多い。それゆえ，単なる事実の経過や結果に意味があるのではなく，その経過を生み出した展開過程のダイナミズムにある，教師と子どもたちの間で行われた相互応答のドラマこそ記録しておく必要がある（福田, 2005, 93参照）。また，事実は事実として書きながらも，自身の解釈を明確にすることで問いが浮き彫りになるのではないだろうか。

　第二に，「集団を育てる」視点を意識して書くことである。特別支援教育では，障害特性をふまえた指導のために，個別の指導が求められている。けれども，個別の指導に注目するあまり集団を育てる視点が見落とされがちである。それゆえ，実践記録でも個別の視点のみではなく，集団の視点を意識して書くことが求められる（福田, 2005, 93-94参照）。そうすることで，一人ひとりの子どもの視点だけではなく，集団の視点からも問いを生成することができる。

## 3. 実践記録を読むこと——問いとの対話

### (1) 教師の意図と内面を読む

　前節では書くことによって問いを生成することについて考察したが，ここでは実践記録を読むことについて考察したい。

　実践記録について検討した白石陽一は「『書く』とは内面の記述を伴うのであり，したがって『読む』とは事実と内面とを関連させて読むということにな

158

る」（白石, 2010, 86）と主張している。続けて白石は，「書く」という側面から見れば，記録した教師は，子どもの行動や発言の事実と教師が指導した事実を記録することを述べるとともに，そのことに付随して，「そう指導した意図，そう感じた内面，そのときの判断など」を記述することを述べている（白石, 2010, 86参照）。このことから，読むにあたっては，子どもの行動や発言とともに，記録した教師の指導や対応をした事実と，教師がそのように指導や対応をした意図や教師の内面を読む必要がある。

　ただし，「教育的タクト」というキーワードがあるように，教師は絶えず状況に応じたすばやい判断と対応が求められている。こうした判断と対応は，無意識に行われているように見えて，その背後には，特別支援教育では障害特性への対応から導かれるプログラムやマニュアルなどとは異なり，その教師なりの意図や内面が作用している。それゆえ，実践を記録した教師がどのような表現を選ぶかによって，そのときの教師の意図や内面も記録されることになる。白石は以下のように述べている。

　　　たとえば，教師が「言った」とさらりと書くのか，あるいは「指示した」「要求した」と言うように判断と意図を込めた表現となるのか，そこには教師の姿勢が無意識的にであれ，反映されている。また，子どもが「言った」という時にでも，「笑って」言ったのか「怒って」言ったのか「はにかんで」言ったのか，この表現のちがいの中に，教師の観察眼の濃淡が反映されることになる。（白石, 2010, 86）

　このように単に読むのではなく，記録した教師の立場に立ってどのような表現なのかを丁寧に読み解く必要がある。実践記録は，記録した教師の観察眼からの事実を反映するものになる。それは，「書かれた事実には，何らかの形での価値判断や選択基準が投影されている」（白石, 2010, 86）ことを意味する。それゆえ，実践記録の中にある教師の意図や内面を読むことも可能である。

第Ⅱ部　子どもの学びをつくる授業の創造

## (2) もう一人の自分との対話が問いを生成する

　記録した教師の意図や内面を考えることは，同時に，その実践記録から「自分ならどうするのか」という問いを導くことにもつながる。その際，記録した教師である「実践者」と記録していない教師である「分析者」の両者を読み解く立場がある。白石は，実践記録の読み解き方について以下のように実践者と分析者の視点で述べている。

　　実践者に関していえば，現在の自分から過去の自分を読みひらいていきながら，当時の判断を吟味しながら，「今の自分ならどうするのか」と自問自答している。それは，自分の過去を問い質す良心的な営みである。分析者に関していえば，報告された記録をテキストにして，「これはどういう物語なのか」と問い，「自分ならどうするのか」と考える。自分とは，つねに謎として・課題として存在しているだけである。人は，むき出しの形で自分自身と出会うことはできない。何らかのモデルを媒介にしてはじめて，自分と出会うことができるのである。出会い方に違いはあっても，実践者も分析者も，「もう一人の自分と出会う」ということに関しては，おなじなのである。(白石, 2012, 103)

　こうした主張から，「(今の)自分ならどうするのか」という問いは，実践者も分析者も「もう一人の自分と出会う」とされる。ここで言う「もう一人の自分と出会う」[1]ことは，これまでの自分の考える学びに対して，あらためて問うことである。この点で，実践記録を読むことは，自らの問いとの対話を意識化させることにもつながる。

## (3) 実践記録を共同で読むこと——学びを問い続けるために

　実践者自身が書く段階で気づかなかったことや自分とは違う見方や解釈が，

仲間と共同で分析することで導かれる。また，実践者だけではなく，それに参加する実践者以外の仲間や同僚にとってもお互いの学びのあり方を深め，学びそのものについて問う力を鍛えることにもつながる。

実践記録について検討している高田清は，「実践記録づくりで必要になるのは，実践した教師に他者が聞き込む活動である」（高田，2004，92）と主張している。記録した教師である「実践者」と記録していない教師である「分析者」によって実践記録を共同して読む具体的な仕方として，たとえば，「なぜそのように働きかけたのか」「何をねらったのか」「それはどのような判断からか」「その判断の根拠は何か」といった分析に参加した同僚や仲間などの分析者からの問いかけが，実践者が必ずしも意識的でなかった働きかけを意識化させ，言語化させることにつながる。すなわち，実践者は，実践において，その意図や意味を明確に意識し自覚しないまま，何らかの経験的，感覚的，ときには反射的判断で働きかけてしまうことがある。それを分析者から問いかけられる中で，自覚化し，言語化することができるのである（高田，2004，92参照）。

こうした分析に参加する同僚や研究仲間からの問いかけが，意識的でなかった働きかけを意識化させ，言語化させる。こうした他者からの問いかけこそ，「もう一人の自分と出会う」転機をつくり出すのである。この点で，学校内の同僚や学校外でのサークルの仲間の問いかけの力量は，学びを問ううえでも重要である。

以上のように，学びを問い続けるためには，今こそ実践記録を書くことが求められる。かつて勝田守一が「実践記録は，教師の綴方だと考えている」（勝田，1955，83）と述べていたように，実践を綴ることは子どもたちとともに自己の生活[2]を問い直すことになる。ただし，実践記録は単なる記録ではなく，そこには教師の意図や内面を反映した問いが描かれている。こうした問いを意識化・言語化させる実践記録を介した教師の共同性により，マニュアル化された内容を無批判に受容するのではなく，学びを問うことでより豊かな実践が展開するのである。

第Ⅱ部　子どもの学びをつくる授業の創造

［付記］

　本章の主旨に合わせて吉田茂孝（2017）「エピソードを通して教師の専門性を高める」．障害児の教授学研究会編『エピソードから読み解く特別支援教育の実践──子ども理解と授業づくりのエッセンス』福村出版，198-203の一部を加筆修正して掲載している。

［注］

1）ここでの「もう一人の自分と出会う」ことについて，白石は竹内常一（2003）の論考を手がかりに考察している。竹内は，もう一人の自分に関して，実践時の「私」を対象化し，批判的に検証するものとして，実践を語る「私」が立ち上がってくることを重視している（竹内，2003，182-185参照）。

2）ここでの生活とは，勝田によると「教育実践を中核にして，そこにぶつかる問題や矛盾やそれへの克服のいとなみをすべて含み，さらに人間としての教師の生活感を反映している」（勝田，1955，83）のである。

［文献］

・勝田守一（1955）「実践記録をどう評価するか」．『教育』第48号，82-86.

・佐藤正明（2013）「子どもの応答を予想しながら指導案を書こう」．湯浅恭正・新井英靖・吉田茂孝編著『特別支援教育のための子ども理解と授業づくり──豊かな授業を創造するための50の視点』ミネルヴァ書房，106-107.

・汐見稔幸（2021）『教えから学びへ──教育にとって一番大切なこと』河出書房新社.

・ショーン，D・A（2007）『省察的実践とは何か──プロフェッショナルの行為と思考』柳沢昌一・三輪建二監訳，鳳書房.

・白石陽一（2010）「実践記録の分析方法」．『高校生活指導』第187号，85-92.

・白石陽一（2012）「教育実践記録の『読み方』」．『熊本大学教育学部紀要　人文科学』第61号，97-108.

・高田清（2004）「現代学校における教師の実践的指導力──教育実践記録づくりと実践分析の意義」．日本教育方法学会編『確かな学力と指導法の探究』図書文化，82-96.

・竹内常一（2003）『おとなが子どもと出会うとき　子どもが世界を立ちあげるとき──教師のしごと』桜井書店.

・福井雅英（2013）「解釈ではなく，変革のための子ども理解へ」．田中孝彦・片岡洋子・山﨑隆夫編『子どもの生活世界と子ども理解』かもがわ出版，64-76.

・福田敦志（2005）「書くことによる『問い』の意識化と共有化──実践記録の『書き方』

試論」．『学童保育研究』第6号，91-96.
・藤田和也（2013）「書くことと分析・批評し合うこと――教育実践記録の意義」．久冨善之・
吉益敏文・佐藤隆編『教育実践と教師 その困難と希望』かもがわ出版，211-230.
・別府哲（2009）『自閉症児者の発達と生活――共感的自己肯定感を育むために』．全国障害
者問題研究会出版部.

## 補　章

# 障害児教授学の歴史から学ぶ

　子どもたちの学びをつくり，発展させる教授学の理論は，「教え」と「学び」の関係を問いかけてきたが，その探究は，本書が取り上げる障害のある子どもの自立と学びの未来をひらくための教授学を考えるうえで基盤となる課題である。

　本書の補章として，以下ではまず障害児保育の実践と理論に言及する。戦後においてわが国の教授学研究をリードしてきた一人・吉本均は，教授学の知の原型の一つに「個体発生的始点として初期発達」を指摘し，「『まなざし』と『指さし』による共有世界の拡大」等の課題について，幼児教育を想定した初期発達の指導論として提起した（吉本均「授業の成立原点とその思想」，日本教育方法学会編『実践にとって教授学とは何か』明治図書出版，1986年，12-23頁）。その意味で，障害児保育の実践と理論は，障害児教育の授業実践が成立する原点を示している。

　本章では，この分野の代表的な一人である斎藤公子を取り上げて，その歴史から学ぶ。続いて学習指導要領の変遷を振り返り，障害児教育の方法で問われてきた課題に言及する。学校制度とその教育内容の基盤にあるのが学習指導要領であり，障害児の学びと授業をつくる指針となるものである。戦後の各時代とともに変遷してきた学習指導要領には，障害児の教授学をめぐる論点がいくつも示されている。今日の授業づくりに問われる課題を自分事として鮮明にし，授業実践の質を向上させるためにも，学習指導要領の変遷に見る授業方法の知を探りながら，自らの授業実践の立ち位置と知を確かめることが必要だと考える。

（湯浅恭正）

## 1．斎藤公子の障害児保育実践・理論づくり
### 小川英彦

### (1) 斎藤公子の略歴

　1920年島根県隠岐に生まれる。1939年東京女子高等師範学校（現在のお茶の水女子大学）保育実習科卒業。1946年玩具統制組合の玩具研究所勤務。1948年台東区根岸の愛隣団（戦災孤児入所施設）勤務。1956年無認可のさくら保育園創設（1962年認可）。1967年埼玉県深谷の農村部に季節保育所（現在のさくらんぼ保育所）創設。1977年第二さくら保育園創設。1986年母子通園施設ポプラ立ち上げ。社会福祉法人さくら・さくらんぼ保育研究所長，埼玉県保育問題研究会会長を歴任。2003年「第7回内藤寿七郎国際育児賞（生命の尊厳賞）」受賞。2009年88歳で虚血性心疾患のため死去した。

　主な著書（共著を含む）に『あすを拓く子ら』（あゆみ出版），『さくら・さくらんぼのリズムとうた』（群羊社），『自然・人間・保育』（あゆみ出版），『さくら・さくらんぼの障害児保育』（青木書店），『子育て＝錦を織るしごと』（労働旬報社），『子どもはえがく』（青木書店），『ヒトが人間になる』（太郎次郎社），DVDブック『映像で見る子どもたちは未来シリーズ』（Kフリーダム）のほか，ビデオや映画なども多数ある。

　東京女子高等師範学校にて倉橋惣三の指導を受け，戸倉ハルよりリズム表現を学ぶ。のちに律動を西垣都美に，リトミックを小林宗作に学び，独自のリズム遊びを生み出す。また，知的障害のある子どもの描画については宮武辰夫から教えを受けた。斎藤の保育実践は「さくら・さくらんぼ保育」として，同様な保育観による園を全国的に展開させ大きな影響を与えた。

補　章　障害児教授学の歴史から学ぶ

### (2) 斎藤公子の底流となる保育理論

#### ①反復説
　ドイツの生物学者，哲学者であったエルンスト・ヘッケルが1866年に提唱した生物発生理論であり，「個体発生は系統発生を繰り返す」という。この反復説から子どもの発達段階やつまずきを解くヒントをつかむということになる。

#### ②身体の発達と脳の発達の関係
　就学前の乳幼児期の0歳から6歳までの運動は，単に体を強くするという目的のみでなく，脳の発達，知的発達のためにたいへん重要であるという保育観をもっている。指が「突き出た大脳」と称されるように，手や足の指の発達に注目している。さらに，最も基本的な感覚機能としての皮膚感覚の発達を重要視している。このことは，水遊びや砂場遊びを十分に確保するという考えにつながっている。水や砂や土などという可塑性に富む素材の有効性は，学齢期の障害児教育でも教材・教具の有効性の面から取り上げられる点である。たとえば，障害児教育福祉の先駆的実践者としての糸賀一雄は粘土に着目して，信楽焼の創作で地場産業とタイアップすること（地域との連携）で「生涯学習」を実践したのである。

#### ③自然のもつ良質な感覚
　玩具は自然の木の触覚，自然の感覚を育てるもの，絵本は内容まで吟味選択したものを活用する。たとえば，化学繊維ではなく手織木綿の肌ざわり，和紙のやわらかみ，檜の床の快さ，安心して触れられるものなどが乳幼児の保育には適しているとしている。安心や心地よさというのが保育の前提になっていると理解できる。

#### ④子どもの発達の礎を築き，待つ
　自然の中でさまざまな体験を通して培われた運動機能，感覚機能や自主性，

自発性こそがその後の学齢期の教育の土台となるという考えをもっている。子どもたちに目先の結果だけを求めるような保育はせずに，体ができてくるのをじっくり待つことにある。身体づくりは学齢期の障害児教育での体育の重視に共通することである。1970年代に検討された項目の一つとして，障害児教育課程の構造化の底部に体育を置くという指摘もあったことを理解しておきたい。

⑤安心や心地よさを大切にする

　6か月からオムツを取ってパンツをはかせ，また，帽子や靴など不快感を抱くものはできるだけ身につけさせないようにする。食べ物，見るもの，触れるもの，住居，衣類，玩具，絵本，音楽など，すべてにおいて安心や心地よさが子どもの感性を育てるうえで大切なものであるとしている。たとえば，食べ物については，安心して食べられる素材を使って，季節を感じられる手づくりの給食とおやつを提供している。先述した自然のもつ良質な感覚との共通性である。新しい環境に不安をもっていると指摘される自閉スペクトラム症児者の教育には，こうした安心といった内面を大切にする考えに通じる。

⑥集団の中で育つ

　母親が一人で孤立して子育てをするよりも，保護者が集まって，家庭でならどうすればよいか，保育園ならどうみなで改善していくかと話し合い，協働していくことが重要であると呼びかけている。大人との関わりだけでなく，子ども同士が集団の中で育ち合うことを考えている。幼児教育での「集団の教育力」への着目とでもいえよう。特に，子ども集団の質に関して，年齢の低い子は年齢の高い子のまねをして育っていくこと，年齢の高い子は年齢の低い子の世話をして変容していくといったタテの関係の意義を見出している。この点では，生活年齢の重みといわれた点に照合する。

補　章　障害児教授学の歴史から学ぶ

## (3) 斎藤公子の障害児保育実践づくり

### ①自然豊かな保育環境

　小中学生の8.8％に発達障害の可能性があると公表される今日，安心できる，子どもの居場所となる保育・教育環境がもっと取り沙汰されるべきといえよう。狭い部屋の中で歩行器に入れられ，0歳児からのテレビやゲーム相手の一人遊び，ハイハイをしないで歩き始めている子が多いといった指摘がある。運動空間の狭隘化，受け身的で，柔軟な想像力が育つ機会がなくなったり，落ち着いた環境の中で親子関係が築かれにくくなったりしていないかという警鐘でもある。

　さくら・さくらんぼ保育園では，たくさんの樹木に囲まれ，太陽・空気・水・泥・土などの自然に触れ，遊びの中で五感を働かせ，自ら生きる力を育んでいく。環境との関わりでは，今日的にはWHO（世界保健機関）が提唱したICF（国際生活機能分類）モデル図にも関係しそうである。障害は，個人の心身のみに還元されるのではなく，環境因子との相互作用でとらえるといった発想とのつながりも見られるからである。

　筆者も研修で園に訪問すると，歩行がしっかりしていない障害児を見かけることが結構ある。戸外での日々の散歩は不可欠となる。足腰を鍛え，さまざまな自然を発見し，さわり，認知の機能を発達させることになっていると理解できよう。加えて，園庭にある高い築山，つかまり立ちを防ぎ，十分に這わせるために柵を設けない，安眠できる部屋，部屋の造作，床の材質など，発達過程と感覚運動を重視した保育実践に一生懸命努力している園も数多く訪問した。

　自治体により格差はあろうが，障害児たちが育ちにくい，生活しづらいという地域においては，特別支援学校の大規模化，長距離での通学バス時間，教室不足といった点などは長年放置されるのではなく，障害があるゆえに早急に改善されるべきである。「合理的配慮の必要性」を文部科学省も唱えているが，保育方法・保育内容・支援体制・施設設備の面より幼児期から学齢期にかけてもっと慎重に検討されるべきである。財源の問題はあろうが，幼児期について

169

は能力の発揮以外に能力を最大限に発達させるという観点も重要になってくる。発達の保障を考えたい。

②リズム遊び・身体づくり

　運動神経や脳の発達を促す，しなやかな身体と五感をもった子どもに育てることが，豊かな心を育む目的で実践されている。これは，身体を動かすことだけが大切なのではなく，リズム，身体，刺激，感情の相互作用により，子どもたちが生き生きした表現となると考えていた。たとえば，音楽を聴きリズムに合わせて，保育者が弾くピアノに合わせて身体を動かす遊びが考えられている。

　知的障害のある子どもの中には，足の裏の発達が遅れていることがあり，土踏まずの形成，足指と脳の発達に着目している。たとえば，四つ足の爬虫類のようなハイハイは，足の親指を踏ん張り押し出す力と，手を前に伸ばすという二つの動きを同時にする複雑な活動である。爬虫類のようなハイハイのほかに，基本のリズム遊びとして，目交，金魚，どんぐり，こうま，ロールマットがある。これらのリズム遊びや身体づくりは障害がある子どもを観察する中で，斎藤が自分で生み出し考案したものであることに留意したい。一例として，ロールマットは，マットに身体を委ねることにより，身体の緊張を緩ませ，左右のバランスを整える運動のための教具である。身体を左右に揺らす金魚運動により，頭から足先までの血流もよくなる。子ども一人ひとりの実態に合わせた教材・教具の工夫（自主教材・教具）の発想である。個を大切にする保育・教育の原点がここにはある。やはり，個別指導と集団指導は車の両輪であって，両指導形態の中で子どもたちは日々育っているのである。

　リズム遊びは，創造的な身体表現活動として，律動，自由表現・新遊戯，リトミックの三つの原型をもとに考案されている。リズム遊びの基盤にある音楽は，躍動的なものであり，子どもが身体を意欲的に動かすために不可欠である。まず子どもが音楽を集中して聴くことから始まり，年長児の活発な動きを見ることで，子どもが自発的に身体を動かしたくなる気持ちを誘発する。子ど

もが身体を動かすことによる生理的快感，心理的爽快感を与える点に注目している。

　子どもたちは，うさぎ，あひる，こうまなどの親しみのある動物に模して，這ったり，転がったり，跳んだり，走ったりするうちに，子どもの体の骨や筋肉，神経系の発達を促し育てていく。リズム遊びで手足の指を使ったり，全身運動を行ったりすることで，感覚機能と運動機能の発達，その統合について注目していた点に特徴がある。幼児期ならではの身体づくりといった発達の土台を形成する，もっと遊びたい，夢中になりたいという子どもたちの経験を大切にする保育観を押さえておきたい。

　リズム遊びは，寝返りやハイハイなどの発達過程に沿った運動を，集団のリズム遊び，模倣を通して主体的に動くことに意味がある。決して訓練，○○療法として行われていたのではなく，遊びの中での子どもの能動性や主体という原点に立ち戻って，「発達の源泉は要求にある」と今日まで語り継がれた歴史的教訓の再確認である。

### ③描画による表現活動

　さくら・さくらんぼ保育園の子どもの描画は，発達の観察方法として重要な役割を果たしている。保育者たちは子どもが求めるままに紙を与え，描かせており，子どもたちは年に何百枚もの絵を描く。年齢ごとに子どもたちの絵を並べてみると，明らかに単純から複雑に，と認知の発達が見られ，また次第に指先が細やかにしっかりと動くようになっていくと実践から指摘されている。

　毎月の職員会議では，子どもたちのすべての絵を生年月日順に並べて，全職員で一人ひとりの発達の度合いを確かめ合う。子どもたちが自発的に描く絵から，子どもの腕や全身の発達，その子の心理的な状態などを観察して，リズム遊びでの観察とともに一人ひとりの保育内容・方法の改善につなげている。

　描きたい衝動が頭いっぱいたまること，描きたいとき，手元に材料があり描く自由な時間があることを保育者が用意してやることになる。自分の目や触覚で一つひとつ確かめながら，驚き，表現し，認識を深めていく中で，描画が広

く深く緻密になっていくのである。表現の広がりが子どもの発達なのだろう。

　日々の生活の中での激しい全身運動，腕，足腰を使う畑仕事や，床の拭き掃除，動物の飼育，ふとんの上げ下ろし，のこぎりを使っての薪切りなどの仕事をさせてきたことが，指先の緻密な発達を促すのに役立っているのであり，絵の展開に表れているのである。まさしく，教育学でいう「生活と教育」のつながりである。今日的には，家庭と園・学校と地域とのネットワークになろう。

　ここでは，1970年代の民間教育団体が当時新しい障害児教育実践として投げかけていたものの中から，浜田ろう学校（河添邦俊ら）や旧・町田養護学校（喜田正美ら）によって障害児教育で提唱された「遊びから手の労働を経て，生産的労働へ」といった教育課程の系統性，さらに，音楽・図工（美術）・体育といった基礎教科との連携への再確認をしておきたい。幼保小の連携といった今日的視点からの指摘でもあった。

### ④子ども・保護者・保育者との集団づくり（協働）

　一人ひとりの育ちはもとより集団づくりに力を注いでいるのも特徴である。

　ビデオ「さくらんぼ坊や4」の中では，女児が運動機能に遅れのある子の着替えを手伝っている場面を取り上げている。女児は，自分と同じような体格の子にどのようにしたら服を着せやすいか，知恵を働かせながら介助した。女児は，毎日保育者が行っている力の弱い仲間への支援方法を見て体得しているのである。子ども同士の関わり，模倣を通して，健常児も障害児も互いに成長し合っている。ここに統合保育（インテグレーション）の端緒を見ることができる。

　さらに，保護者との話し合い，懇談を重要視している。保育者と保護者との学び合い，共通理解を深め，保育園と家庭との連携を地域の中で強めること，保護者同士が関わりをもつことのできる居場所づくりをし，子育てへの不安や今後の見通しをもつことができるように考えている。

　障害児にとって，居場所づくりはすべての子どもたちが安心して園生活をしていく場（物理的な場，関係性の中の場）の整備である。これによって自己肯定感を高めることができ，自分のしていることに価値があるという思いをも

補　章　　障害児教授学の歴史から学ぶ

つことにあると考えられる。保育・教育の前提となるものであり，これからの
SNE（特別なニーズのある子への保育・教育）に大きなキーワードとして居場所づ
くりの点は継承させたい。乳幼児期から学齢期，さらに青年期，成人期への地
域での「生涯学習」といった今後の方向性を暗示した実践づくりであった。

## (4) まとめ

　斎藤は1967年に現在のさくらんぼ保育園を開設している。全国的には大津
市の全員受け入れを契機に1970年代になって大都市を中心に統合保育が展開
されていく。それゆえに同園にはモデル園，牽引園としての役割があった。そ
れと，斎藤自身がすべての子どもたちに対する平等で温かい目線をもちなが
ら，諸科学の成果を学び自らの保育実践・理論づくりに大きな功績があった。
障害児保育の歴史上ではまさしく「わが国の保育者の母」であったといっても
過言ではない。

　今日，保育実践に求められる「保育の質」を考慮するときのポイントをいく
つか学ぶことができるのではなかろうか。また，障害児教育との共通性を提供
している保育観として位置づけることができよう。

[文献]

・小川英彦・広瀬信雄・新井英靖・高橋浩平・湯浅恭正・吉田茂孝（2011）『気になる幼児
　の保育と遊び・生活づくり』黎明書房.
・斎藤公子（1986・1987）『斎藤公子保育実践全集1・2・3』創風社.
・斎藤公子（1994）『改訂版 さくら・さくらんぼのリズムとうた──ヒトの子を人間に育て
　る保育の実践』群羊社.
・斎藤公子編著（2019）『改装版 さくら・さくらんぼの障害児保育』Kフリーダム.

173

## 2. 学習指導要領の変遷と障害児教育方法史
### 高橋浩平

「学習指導要領」とは「全国どこの学校でも一定の水準が保てるよう，文部科学省が定めている教育課程（カリキュラム）の基準」（文部科学省）である。学生なら教員採用試験のときに内容を勉強したり，教員であれば研究授業をするときにその内容を確認したり，というところで「関わっている」ものである。ある教科の担当指導主事になる，あるいは研究指定校で研究発表をする，となったときには一生懸命学習指導要領を「読み込む」こともしているだろうが，一般的に現場の教員が学習指導要領を隅から隅まで読んでいるかというとそれは否である（さすがに学校には置いてあるだろうが）。そういう認識に立ちながら，教育現場から見た，「学習指導要領のこれまでの変遷と障害児教育方法史（主として知的障害教育）」について簡単であるが記してみたい。

### (1) 小学校学習指導要領の変遷

戦後，1947（昭和22）年に教育基本法，学校教育法が制定され，学習指導要領一般編が試案として出された。社会科が新設され，家庭科（男女共修），自由研究が入った。1951（昭和26）年の試案では，経験主義が色濃く反映され，教科を四つの経験領域「主として学習の技能を発達させるに必要な教科（国語・算数）」「主として社会や自然についての問題解決の経験を発展させる教科（社会科・理科）」「主として創造的表現活動を発達させる教科（音楽・図画工作・家庭）」「主として健康の保持増進を助ける教科（体育科）」）に分け，その領域に対して適切な時数を配置することが行われた。1958（昭和33）年から学習指導要領は「告示」となった。「教育課程の基準としての明確化」が言われ，経験主義に代わり，系統的な学習が重視された。道徳の時間が新設され，4領域

（各教科・道徳・特別教育活動，学校行事等）で示された。

1968（昭和43）年の告示では，4領域から3領域（各教科・道徳・特別活動）への整理がなされた。最低時数が標準時数に改められた。高度経済成長時代を反映し，学習量が多い指導要領であった。1977（昭和52）年の告示では，「基礎的・基本的な内容の重視」があげられ，詰め込み教育の反省に立って，標準時数の削減が行われた。1989（平成元）年の告示では，1・2年生の社会科，理科が廃止され，代わって生活科が新設された。1998（平成10）年の告示では，後年，「ゆとり世代」という言葉が生まれるほど「ゆとり」がキーワードとなった。総合的な学習の時間が新設された。2008（平成20）年の告示では，2006（平成18）年の教育基本法「改正」や1998年学習指導要領の反動もあり，授業時数の増加がなされ，「言語活動の充実」が掲げられた。外国語活動が導入された。いじめ事件の増加等も受けて，2015（平成27）年告示（一部改正）があり，道徳が「特別の教科 道徳」となった。2017（平成29）年の告示（現在の学習指導要領）では，5・6年生に教科として外国語が新設された。

## (2) 特別支援学校の学習指導要領

1957（昭和32）年「盲学校小学部・中学部学習指導要領一般編」「聾学校小学部・中学部学習指導要領一般編」が通達された。一方，「精神薄弱」養護学校（知的障害の児童について）の学習指導要領については，1960（昭和35）年に作成委員会が発足したが，なかなか出されなかった。これは，従来の「精神薄弱」教育が「生活に根ざした教育」「教科によらない教育」が中心だったことに対して，学習指導要領が教科で内容を示そうとしたため，現場からの不満が強かったからである。

1963（昭和38）年に「養護学校学習指導要領（小・中学部精神薄弱教育編，小学部肢体不自由教育編，小学部病弱教育編）」が文部事務次官通達として示された。ここでは目標・内容を教科で示したが，教科を合わせ，領域を統合する合科・統合が認められた。いわゆる「合わせた指導」である。生活単元学習，作業，

175

日常生活の指導が示された。1971（昭和46）年に「養護学校（精神薄弱，肢体不自由，病弱）小学部・中学部学習指導要領」が告示された。小学部の新たな教科として「生活科」が設けられ，「養護・訓練」が新設された。1979（昭和54）年，養護学校の義務制実施とともに，「盲学校，聾学校及び養護学校小学部，中学部学習指導要領」「盲学校，聾学校及び養護学校高等部学習指導要領」が告示された。これまで障害別に示していた学習指導要領が一つにまとめて示されたこと，「交流教育」が出てきたことが特徴的なことである。1989（平成元）年に「盲学校，聾学校及び養護学校幼稚部教育要領」「盲学校，聾学校及び養護学校小学部，中学部学習指導要領」「盲学校，聾学校及び養護学校高等部学習指導要領」が告示された。初めて幼稚部教育要領が制定され，幼小中高の連続性が明確になった。1999（平成11）年に「盲学校，聾学校及び養護学校幼稚部教育要領」「盲学校，聾学校及び養護学校小学部・中学部学習指導要領」「盲学校，聾学校及び養護学校高等部学習指導要領」が告示された。「養護・訓練」の名称が「自立活動」に変わった。また知的障害養護学校において中学部および高等部に「外国語」，高等部に「情報」「流通・サービス」が選択教科として新設された。その後，2001（平成13）年に「21世紀の特殊教育の在り方について（最終報告）」，2003（平成15）年に「今後の特別支援教育の在り方について（最終報告）」が出され，2007（平成19）年に学校教育法が改正され，「特殊教育」は「特別支援教育」となり，養護学校も「特別支援学校」と名称が改まった。2006（平成18）年の教育基本法の「改正」を受け，2009（平成21）年に「特別支援学校幼稚部教育要領，小学部・中学部学習指導要領，特別支援学校高等部学習指導要領」が告示された。自立活動に「人間関係の形成」という新しい区分が設けられ，個別の指導計画，個別の教育支援計画の作成や「交流及び共同学習」が規定された。

　2017（平成29）年に「特別支援学校幼稚部教育要領，小学部・中学部学習指導要領，特別支援学校高等部学習指導要領」が告示された。2012（平成24）年の「共生社会の形成に向けたインクルーシブ教育システム構築のための特別支援教育の推進（報告）」の影響もあり，通常の教育の学習指導要領（「小学校・中

学校学習指導要領」）と同時期に出たこと，また小学校・中学校学習指導要領の中に「障害のある児童生徒などへの指導」が規定され，特別支援教育と通常の教育との連続性，一貫性が強調された。

## (3) 戦後から現在までの障害児教育方法史の概観

　戦後の知的障害教育は，現在におけるいわゆる軽度知的障害（IQ60〜70程度）を対象に，どちらかというと実生活に生きる力を念頭に置いて実践されていた。この教育を「生活中心教育」と呼ぶこともある。教育課程を作成するうえで，1959（昭和34）年に文部省は「生活，言語，数量，情操，健康，生産」のいわゆる「6領域案」を発表した。その後，学習指導要領では領域ではなく教科で整理をされ，現場からの反対が多かったのは前述したとおりである。当時の知的障害「特殊学級」では男子なら日常生活の基本を学び中学を卒業したら就労させる，女子なら掃除洗濯裁縫を身につけて家庭に入ることが一つのステータスとされていた。1960年代は，特に中学校「特殊学級」で卒業生が養護学校高等部に行くことは落ちこぼれといわれていた時代である。国語の授業といっても日記や履歴書を書く等，日常生活に「役立つ」という側面で学習が行われていた。当然そうした「社会自立」「職業自立」的な教育は批判もされていた。1970（昭和45）年ごろ，東京都八王子養護学校では，数学者・遠山啓の指導のもと，教科以前の「原教科」の指導が実践・研究された。1979（昭和54）年の養護学校義務制，それに先駆けて1974（昭和49）年東京都は障害児全入就学を実施した。この1970年代は，教育の対象となる障害児の重度化が顕著となり，養護学校（特別支援学校）では重度の児童生徒の教育課程が論議となった。一方，特殊学級（特別支援学級）では，従来の軽度の児童生徒に加え，重度の児童生徒が入学したことにより，それまで行われていた「職業自立」に向けての学習が成立しなくなるなど，かなりの混乱をきたした。「生活か教科か」という論争が盛んに行われたのもこのころである。1990年代になり，自閉症をはじめとする発達障害の児童生徒が多く入ってくるようになり，「障害

の特性」に応じた教育や個別の指導計画（東京都が個別指導計画を始めたのは1997〈平成9〉年である）が入ってきた。一方で特殊教育から特別支援教育への転換があり，通常の学級に「障害児はいない」ことになっていた「特殊教育」の時代から，通常の学級にも「LD，ADHD，高機能自閉症」の児童生徒がおり，その子たちの通常の学級での教育を含めて「特別支援教育」の時代となった。2000年代になると，2006（平成18）年に国連総会で障害者権利条約が採択され，2012（平成24）年の「共生社会の形成に向けたインクルーシブ教育システム構築のための特別支援教育の推進（報告）」の中で「基本的な方向性としては，障害のある子どもと障害のない子どもが，できるだけ同じ場で共に学ぶことを目指すべきである」と書かれ，「多様な学びの場」として特別支援学級や特別支援学校も「インクルーシブ教育システム」の一つとして押さえながらも，いわゆる「共に学ぶ」インクルーシブ教育が話題となってきた。しかしながら，現実的には特別支援学級や特別支援学校の児童生徒数の増加に見られるように，特別支援教育の時代になってから，障害のある子とない子を分けて教育をする「分離教育」の方向に進んでいる。このことは，2022（令和4）年の国連障害者委員会による障害者権利条約の履行に関する「勧告」の中で「障害のある子どもの分離された特別教育が永続していること」と示されており，「分離教育」に関して「懸念」がある，と指摘されている。こうしたなか，特別支援学級では，大阪によく見られるような国語や算数のみを特別支援学級で学習し，その他の時間は通常の学級で過ごす，というような形や「交流及び共同学習」で，保護者が通常の学級との交流を強く希望する，といったことも出てきている。

### (4) 教員の側から見た教育方法

　以上，少々乱暴であるが，私見も交えながら，戦後から現在までの障害児教育方法史を概括してみた。養護学校が義務制になって45年，現在の教育現場の教員で義務制をリアルタイムで経験している教員はいない。筆者が教員になったとき（1989〈平成元〉年）には，養護学校義務制反対闘争等，義務制

をリアルタイムで経験した教員がまだいた。養護学校（特別支援学校）の教員も，特殊学級（特別支援学級）を経験して，養護学校（特別支援学校）の教員になったベテランの先生がいた。時代の変遷とともに，特別支援教育の考え方も変わってきたこと，多様な考え方があることを先輩の教員から学び，また特別支援教育への転換期を小学校の知的障害特別支援学級の担任として現場で経験してきた。乱暴な言い方を許してもらえるならば，現在の教員は，今，自分が行っている教育が「特別支援学級（あるいは特別支援学校）の教育」だと思っているのではないだろうか。合わせた指導をしていれば合わせた指導が，教科の指導をしていれば教科の指導が「特別支援学級（あるいは特別支援学校）の教育」だと思っているのではないか。個別指導の多いところでは個別指導，集団指導が多いところでは集団指導が指導のスタイル，と思っていないか。少なくとも，特別支援教育にはいろいろな考え方があることを，あらためて歴史に学び，歴史をふまえて教育を進めていくことが必要ではないかと感じている。

　GIGAスクール構想で，コロナ禍とともに一人一台の端末の導入が加速化され，タブレットが学校現場に入ってきた。「個別最適な学び」と「協働的な学び」が言われる現在，ICT機器を使って，その子に応じた「個別の指導」が中心になっている授業も見られる。通常の学級の教育にかなり近づけた授業も見られる。発達障害の児童生徒を対象とした情緒障害学級の開設も増えている。

　「学校のブラック化」「教員の働き方改革」といわれるように，教員の多忙が話題になって久しい。なかなか教員同士で話し合う時間もないことも十分承知している。しかし，児童生徒にどんな力をつけさせたいのか，そのためにどのような教育内容を用意し，どのような教育方法をとって授業を構築していくのか，少なくとも，授業者として，その点を考えて授業に臨むべきであろうと考える。その意味で，学習指導要領は，教育内容や教育方法を考える際に，使えるツールの一つ，と見ることもできるだろう。言い換えれば，学習指導要領は自分の教育実践をブラッシュアップさせるツールになりうる，ともいえよう。学習指導要領に必要以上に縛られることは避けたいが，要はどのように活用するかだと思っている。

［文献］

・金子一彦編（2023）『マップ＆シートで速攻理解！最新の教育改革2023-2024』教育開発研究所.

・小出進監修, 名古屋恒彦著（1996）『知的障害教育方法史 生活中心教育・戦後50年』大揚社.

・東京都教育委員会（1997）『障害のある児童・生徒のための個別指導計画Q&A』.

・日本精神薄弱者福祉連盟編（1997）『発達障害白書 戦後50年史』日本文化科学社.

・文部省（1972）『学制百年史』.

・渡邉健治・宮﨑英憲監修（2014）『戦後日本の特別支援教育と世相』ジアース教育新社.

# おわりに

　本書は2019年に福村出版から刊行した『アクティブ・ラーニング時代の実践をひらく「障害児の教授学」』の続編として編集されたものです。私たち「障害児の教授学研究会」は，特別な支援を必要とする子どもたちが実感をもって「わかった！」と思えるような，そんな楽しく，かつ深い学びができる授業づくりを目指して，いろいろな角度から議論を重ね，その成果を書籍にして刊行してきました。

　2019年に「障害児の教授学」の本を刊行したころは，新しい学習指導要領が出され，「アクティブ・ラーニング（主体的・対話的で深い学び）」の実現に向けて，多くの研究者がアクティブ・ラーニングについて論じていた時期でした。そのような中で，子どもの「主体」や「実感」がない「動いているだけ」のアクティブ・ラーニングにならないように，教師がしっかりと指導性を発揮して，授業を設計し，子どもに「しかけ」ていくことが大切であると論じました。

　あれから，5年の歳月が過ぎ，全世界的にコロナ禍を経験し，現在の関心事はAI時代を見据えてICTを活用した「個別最適な学び」と「協働的な学び」のあり方へとシフトしているのでしょうか。もちろん，「教授学」というものは，その時代に必要な授業方法や資質・能力を取り込み，常にアップデートしていかなければなりませんので，世の中の動きに敏感になり，その都度，自身の取り組みを見つめ直していかなければなりません。

　しかし，教師が子どもと向き合い，真の意味で子どもに「わかった！」と実感してもらえる授業づくりの方法というものは，それほど大きく変化するものではないかもしれません。たとえば，子どもが「わかった！」と実感することを「実存」と呼んで議論してきた哲学者たちがいますが，そうした時代の議論

は，今の時代の授業づくりにも多くの示唆を与えてくれます。

　本書の各章のタイトルでは，一見すると「時代」の特徴があまり感じられない「古めかしい」内容のように見えるかもしれません。しかし，私たちは，どのような時代においても「外すことのできない」教授学のキーワードを取り上げ，過去の著名な教授学者たちの理論を紹介しながら，教授学のエッセンスを論じる本を刊行しようと考えました。

　ただし，この本は読者を決して「教授学の歴史の世界」へと誘うものではありません。本書で取り上げられている子どもや教育の課題は，あくまでも2024年の現在に生じていることです。実際には，現在の諸問題を解決しようと思ったら，現在，話題になっている視点だけでは解決の糸口を見出していくことすら難しいものがたくさんあります。そのため，本書は，こうしたトレンドを追いかけているだけではどう考えてよいかわからないでいるさまざまな問題に，教師自身が自分なりの解決策を見つけ出していくための「教授学」の本となるように編集しました。

　今後の社会はAIの発達により，ますます混迷を極めてくることが予想されます。社会が進化し，自身で十分に考えなくても，ロボットなどの自動化された機器がさまざまなことを判断し，やってくれる時代が到来することでしょう。しかし，そうした時代になればなるほど，社会の不安や分断が大きくなるといった矛盾した状況に私たちは置かれるようになることも少しずつ見えてきました。そうした時代だからこそ，教師として「ぶれることのない軸」をもつということがとても重要なことになるのではないかと考えます。本書が教育現場で日々，奮闘している特別支援教育の先生方の「軸」を形成するための一つの参考書となれば幸いです。


新井英靖

# 索　引

## あ

ICT（情報通信技術）　12, 18, 32, 56, 63, 64, 117, 179

アクティブ・ラーニング　10, 11, 43, 120-122, 128

アンラーン（unlearn）　132, 133

居場所　16, 17, 20, 21, 23, 25-27, 31, 148, 169, 172, 173

インクルーシブ教育　13, 14, 87, 94, 103, 176, 178

ヴィゴツキー，L・S　35, 117, 122-124, 127, 129

上田薫　35, 44-47, 52

応答予想　47, 80-82

応用行動分析論　13

オノマトペ　118-124, 127, 129

## か

学習指導要領　12, 19, 21, 23, 37, 40, 42, 60, 63, 80, 87, 88, 94, 95, 97, 99, 101, 103-105, 114, 115, 120, 121, 134, 135, 143, 165, 174-177, 179

学力　9, 61, 103, 106-111, 115, 119

勝田守一　107, 109, 161, 162

活動理論　122, 123

カリキュラムマネージメント　9

環境の構造化　18, 19, 22

キャリア教育　10, 131, 133-135, 138, 139, 143

キャリアプランニング・マトリックス　131, 133, 135, 136, 138

教育的集団社会　92, 93, 100, 101

教育的タクト　24, 72, 159

教科学習　96, 101, 103-106, 110-112, 114, 115, 131, 133, 148-151

教科指導　40, 144

教科別の指導　87, 88, 93-95, 97, 100, 101

教材解釈　24, 30

苦労の棚上げ効果　64

ケア　131, 142, 143

経験主義　44, 45, 90, 91, 98, 99, 101, 103, 106, 111, 174

系統主義　88, 90, 94, 95, 97, 100, 101

行動主義　117

行動的理解　91-93, 96-99

子どもの権利委員会　131

子どもの権利条約　19, 22

個別の支援計画　35, 37

個別の指導計画　10, 11, 17, 37, 38, 40-42, 176, 178

コメニウス　19

固有名詞　82

## さ

斎藤喜博　43, 67, 71-77, 80, 82

斎藤公子　165-167, 169, 170, 173

坂元忠芳　107-109, 111

作業学習　10, 19, 31, 32, 86, 87, 90, 91, 94, 96-98, 103, 147

さくら・さくらんぼ保育　166

重松鷹泰　45

実践記録　152-161

実用主義　90, 94-96, 98, 101

指導案検討会　79

児童の世紀　9

島小学校　72, 80

社会制作（ポイエーシス）　103, 110-115

集団づくり　140, 172

授業シミュレーション　81

主体的・対話的で深い学び　97, 103-105, 108, 114, 117, 121

障害児全入就学　177

障害特性に応じつつ，障害特性をこえていく教育　76

ショーン, D・A　156

自立活動　10, 16, 17, 35-37, 40, 41, 63, 176

真正の学び　105

身体の修練　97, 98

ずれによる創造　44, 45

生活教育　86-89, 91-101

生活単元学習　10, 31, 32, 59, 86-88, 90, 94, 98, 99, 103, 104, 108-111, 114, 115, 175

生活中心教育　177

省察　33, 36, 59, 62, 63, 79, 156, 157

総合的学習　10, 98, 99

## た

竹内常一　131, 133, 140-144, 162

津守真　57-59, 62

当事者研究　63, 64

ドラマ論　24

## な

中内敏夫　111

日常生活の指導　26, 86, 94, 176

認知・行動主義　103, 128

認知行動療法　64

## は

非認知能力　56, 61-63

描画　166, 171

文化的発達　117, 122, 123, 125, 127

ペスタロッチー　22

ベタ記録　81

弁証法的発達　127, 128

補償教育論　56, 57, 61

## ま〜ら

三木安正　88-94, 96, 98, 100, 102

ヤマ場　25

吉本均　22, 23, 53, 165

リズム遊び　166, 170, 171

リフレクション　14

# 編著者一覧

［編集］
障害児の教授学研究会

［編者］
湯浅恭正・新井英靖・吉田茂孝・堤　英俊・櫻井貴大
小川英彦・高橋浩平

［執筆者］
はじめに　吉田茂孝（大阪教育大学）
序　　章　湯浅恭正（広島都市学園大学）
第1章　　湯浅恭正（広島都市学園大学）
第2章　　松尾奈美（島根大学）
第3章　　櫻井貴大（愛知教育大学）
第4章　　吉田茂孝（大阪教育大学）
第5章　　堤　英俊（都留文科大学）
第6章　　新井英靖（茨城大学）
第7章　　新井英靖（茨城大学）
第8章　　今井理恵（日本福祉大学）
第9章　　吉田茂孝（大阪教育大学）
補　　章　導入文　湯浅恭正（広島都市学園大学）
　　　　　第1節　小川英彦（至学館大学）
　　　　　第2節　高橋浩平（東京都杉並区立桃井第一小学校）
おわりに　新井英靖（茨城大学）

［イラスト］
北島天花（茨城大学教育学部学校教育教員養成課程特別支援教育コース）

自立と学びの未来をひらく「障害児の教授学」
——個別最適化された学びと協働的な学びのかたち

2025年1月30日　初版第1刷発行

編　集　Ⓒ障害児の教授学研究会

発行者　宮　下　基　幸

発行所　福村出版株式会社
〒104-0045　東京都中央区築地4-12-2
電　話　03(6278)8508
ＦＡＸ　03(6278)8323
https://www.fukumura.co.jp

印　刷　株式会社文化カラー印刷

製　本　協栄製本株式会社

Printed in Japan　ISBN978-4-571-12149-4 C3037
落丁・乱丁本はお取り替えいたします
定価はカバーに表示してあります

# 福村出版◆好評図書

障害児の教授学研究会 編集／新井英靖・小川英彦・
櫻井貴大・高橋浩平・廣瀬信雄・湯浅恭正・吉田茂孝 編著
## エピソードから読み解く特別支援教育の実践
● 子ども理解と授業づくりのエッセンス
◎2,300円　　　　ISBN978-4-571-12130-2　C3037

現役教師が体験をもと
に書き下ろした21のエ
ピソードと研究者の解
説を通して学ぶ「授業
づくり」の実践ガイド。

新井英靖・田原 敬・石田 修・小野貴史 著
## インクルーシブ社会における特別支援学校の
## 防災機能と防災教育カリキュラム
● 災害時の支援ニーズに関する実証的研究
◎5,200円　　　　ISBN978-4-571-12148-7　C3037

災害時に障害児とその
家族の命と生活を守る
ために，把握しておく
べき支援ニーズと備え
ておくべき設備・教育。

吉田茂孝 著
## インクルーシブ教育時代の
## 授業における集団の指導
● 授業づくり，学級づくり，学校づくりの視点
◎5,000円　　　　ISBN978-4-571-12146-3　C3037

ドイツの事例を参照し
つつ，特別なニーズの
ある子どもが集団のな
かで学ぶ力を形成する
ための指導法を検討。

新井英靖 編著
## 特別支援教育のアクティブ・ラーニングと
## カリキュラム開発に関する実践研究
◎5,400円　　　　ISBN978-4-571-12145-6　C3037

ドゥルーズ，ベルクソン，
吉本均らの哲学・教授
学から従来の特別支援
教育を超える授業づく
りの原理を導き出す。

湯浅恭正・新井英靖 編著
## インクルーシブ授業の
## 国際比較研究
◎6,800円　　　　ISBN978-4-571-12132-6　C3037

日・英・独における比
較研究を通して，21世
紀に期待されるインク
ルーシブ授業（教育）
のあり方を展望。

茨城大学教育学部・茨城大学教育学部附属幼稚園 編
## 楽しく遊んで，子どもを伸ばす
● 子育て・保育の悩みに教育研究者が答えるQ&A
◎1,500円　　　　ISBN978-4-571-11039-9　C0037

数多ある子育て情報に
翻弄される保護者の悩
みに，教育学の専門家
24人がその解決方法を
わかりやすく回答。

小川英彦 編
ポケット判
## 保育士・幼稚園教諭のための
## 障害児保育キーワード100
◎2,000円　　　　ISBN978-4-571-12131-9　C3037

法律・制度から日々の
実践まで，障害児保育
に必要な情報100項目
を収録し，平易に解説
したガイドブック。

◎価格は本体価格です。